ANALECTA BIBLICA

INVESTIGATIONES SCIENTIFICAE IN RES BIBLICAS

106

† ERNST VOGT, S.J.

Der Aufstand Hiskias und die Belagerung Jerusalems 701 v. Chr.

ROME
BIBLICAL INSTITUTE PRESS
1986

ISBN 88-7653-106-X

PRINTED IN ITALY

GREGORIAN UNIVERSITY PRESS
BIBLICAL INSTITUTE PRESS
Piazza della Pilotta, 35 - 00187 Rome, Italy

Vorwort

Die Stärke von Prof. Vogt war geduldige, ruhige Arbeit in Schweizer Präzision und Gründlichkeit voll Freude am treffenden und getroffenen Detail. Er war Wiederhersteller von Gestörtem, Restaurator und Archäologe, wenn man so sagen will.

Die mit seiner Stellung verbundenen Verwaltungsarbeiten gaben ihn nicht frei, sie liessen ihm die Zeit nicht für umfassende Werke oder Monographien. Seine Veröffentlichungen haben die Form von Aufsätzen und Notizen, die fast sämtlich in *Biblica* erschienen sind, und erstrecken sich über einen Zeitraum von 30 Jahren.

Es interessierten ihn Einzelfragen zu den Psalmen, so die lebendige Umwelt von Ps 23 (1953), die Struktur von Ps 29 (1960), Sätze aus Ps 68 (1965), Ps 26 (1962) und Ps 69,23 (1962). Zwei Artikel befassen sich mit Qumrānthemen (1956, 1958). Drei gelten der hebräischen Sprache, zwei mit Karten ausgestattete der Topographie Jerusalems (1967, 1974), einer dem Kalender des Flutberichts (1962), ein anderer Jos 3–4 (1965), immer im Dialog mit der jeweiligen Forschung. Die bewegten Jahre des 2. Vatikanischen Konzils waren, wie man sieht, Zeiten erhöhter literarischer Produktion. Zuletzt zogen Ezechiel und historische Probleme das Hauptinteresse auf sich.

Von der Lehrtätigkeit frei geworden, fand er Zeit, seine Arbeiten über den Propheten zu ordnen und zu überprüfen. So erschienen 1981 als Bd. 95 der Analecta Biblica seine «Untersuchungen zum Buch Ezechiel». Für die 1964 und 1966 teilweise veröffentlichten Studien zu historischen Themen liess sich ein Gleiches nicht mehr erreichen. Wie der Archäologe Einzelfunde aneinanderfügt, suchte er auch hier das ursprüngliche Gebilde wieder zu erstellen: jedem vorgefundenen Stück weist er seinen Platz zu und ergänzt u.U. zum Ganzen. So konnte Prof. Vogt, auch die leisesten Anzeichen benutzend, eine historische Situation aufbauen, in die sich die biblischen und ausserbiblischen Texte einfügten. Es ging nicht um den typischen, wiederholbaren, sondern um den historischen, nicht wiederholbaren Sitz im Leben. Das Ergebnis dieser Arbeitsweise ist der vorliegende Band, den der Vf. als unvollendetes Manuskript mit stenographischen Randnotizen hinterlassen hat.

Mit diesem Band beschliessen wir die Veröffentlichung des monographischen Lebenswerkes von Prof. Vogt: nach dem Lexikon des Biblisch-Aramäischen (1971) und den Untersuchungen zum Buch Ezechiel (1981) folgt nun hier seine Rekonstruktion der geschichtlichen Ereignisse vor und während der Einschliessung Jerusalems 701 v.Chr. im Blick auf die Träger des Geschehens, den Assyrer Sennacherib, den König Hiskia und den Propheten Jesaja.

8. Dezember 1985 Luis Alonso Schökel, S.J.

Inhaltsverzeichnis

KAPITEL 1

Die Ereignisse vor der Belagerung Jerusalems

Der grosse Sargon (721-705) hatte das assyrische Reich neu gefestigt und mit starker Hand zusammengehalten. Aber im Jahr 705 v.Chr. kam er bei einem kühnen kriegerischen Unternehmen ums Leben. Es folgte ihm sein Sohn Sennacherib [1] auf dem Thron. Nach S. Smith [2] führte das Bemühen der Verfasser der assyrischen Dokumente, vieles in wenige Worte zusammenzufassen, leider zu dem Missverständnis, dass die Thronbesteigung Sennacheribs das Zeichen zu Aufständen in den assyrischen Untertanenländern gegeben habe. Gewiss hat nicht selten ein Thronwechsel unterworfenen Völkern Anlass gegeben, das harte Joch Assyriens abzuwerfen, aber gerade beim Tod Sargons und bei der Thronbesteigung Sennacheribs war dies nach S. Smith nicht der Fall: «In truth, the Assyrian army rested from its almost unceasing labours for two years, while Sennacherib was engaged in his most magnificent achievement, the rebuilding of Nineveh. Such a period of peace shows how well the foundations of the Assyrian empire were laid, and how stable the administration under Sargon had become».

I. Der Beginn der Aufstände gegen Sennacherib

Tatsächlich erfolgte die erste Erhebung gegen die Oberherrschaft Sennacheribs erst in Jahr 703 v.Chr. im Südosten des Reiches, und Sennacherib selbst hatte durch seine Unklugheit dazu Anlass gegeben. Er hatte am 12. Ab, d.h. in Juli/August des Jahres 705 den assyrischen Thron bestiegen [3]. Zu Beginn des neuen Jahres im Monat Nisan (März/April) 704 hätte er wie seine Vorgänger in der Stadt Babylon den Ritus der Handergreifung Marduks vollziehen müssen, durch die er auch rechtlich König von Babylon geworden wäre. Aber er unterliess diese wichtige Zeremonie, wohl deshalb, weil er aus einer Art religiösen Fanatismus wollte, dass Marduk, der Gott Babylons und der Gott der

---

[1] So mit Vg (vgl. G); masoretisch Sanḥērīb; assyrisch Sin-aḫḫē-erība.

[2] Smith, S. 61.

[3] *RLA*, II (1938), «Eponymenkanon», S. 61. Doch vgl. zum Datum 12. Ab Hallo, S. 57, Anm. 134.

Götter, seine Vorrangsstellung dem Gott Assur abtrete. So gab es eigentlich keinen König von Babylon. Als er diesen Ritus auch im Nisan 703 unterliess, vollzog ihn ein Babylonier namens Marduk-zākir-šumi und setzte sich auf den Thron. Doch schon nach 1 Monat[4] zog Merodach-Baladan[5], der reiche und mächtige König von Bīt-Jakīn am persischen Meerbusen und zäher Feind Assyriens, heran und bemächtigte sich von neuem des babylonischen Thrones, den er schon früher lange innegehabt hatte[6]. Aber diesmal konnte er sich nur 9 Monate lang halten[7]; denn im gleichen Jahr, am 20. Šebaṭ, etwa Februar 702[8] brach Sennacherib zu seinem ersten Feldzug auf, schlug den König von Babylon und seinen Verbündeten, den König von Elam, bei Kisch und zwang Merodach-Baladan zur Flucht in sein Land[9]. Sennacherib setzte nun den assyrienfreundlichen Babylonier Bēl-ibni auf den Thron Babyloniens. Aber damit hatte Sennacherib die politische Lage von Babylon noch lange nicht gelöst, wie sein vierter Feldzug zeigen wird (vgl. unten, S. 68).

Um die gleiche Zeit begann es auch im Südwesten des Grossreiches zu gären. Die antiassyrische Koalition, die sich bildete, umfasste an der Küste ganz Phönizien und fast ganz Philistäa, im Hinterland Juda, weiter östlich Ammon und Moab, und südlich davon Edom. Dagegen schlossen sich dem Aufstand offenbar nicht an die assyrischen Provinzen von Syrien samt Damaskus bis zur Provinz Galaad «jenseits des Jordan». In Palästina blieben ruhig die Provinz Magidu mit der Ebene Esdrelon und Galiläa, die Provinz Samerina südlich davon, sowie die Provinz Dor, die sich der Küstenebene entlang erstreckte vom Karmel bis kurz vor Jafo, also die «Via maris» Jesajas[10]. In Phönizien übernahm der König von Sidon die Führung, und in Palästina scheint Hiskia[11], der König von

---

[4] Babylonische Königsliste A, *AOT*, S. 333; *ANET*, S. 272b.

[5] Assyrisch Marduk-apla-iddina.

[6] Merodach-Baladan hatte sich im Jahr 729 dem Tiglat-Pileser III. von Assyrien unterworfen und blieb ihm untertan, auch als er 727 starb und Salmanassar V. den Thron bestieg. Aber im Jahre 721, als Sargon II. sich des assyrischen Thrones bemächtigte, erhob sich Merodach-Baladan, eroberte die Stadt Babylon und machte sich zu ihrem König. Da es Sargon nicht gelang, ihn in der Schlacht bei Dēr zu besiegen, blieb er 12 Jahre lang König von Babylon. (Auf diese Zeit bezieht sich die Gesandtschaft Merodach-Baladans zu Hiskia von 2 Kön 20,12f.) Erst im Jahr 710 gelang es Sargon, ihn zu vertreiben, sodass Merodach-Baladan mit seinen Grossen nach Elam floh (Babylonische Chronik, *AOT*, S. 360). Doch kehrte er, wie eben gesagt wurde, im Jahr 703 zurück und riss die Herrschaft über Babylonien von neuem an sich.

[7] *AOT*, S. 333; Hallo, S. 53.

[8] S. Smith, S. 64.

[9] Babylonische Chronik, Kol. II, Z. 3; vgl. *AOT*, S. 360. Auch in den Annalen Sargons; vgl. Winckler, *Keilschrifttexte*, S. 50f, Z. 291, oder Lie, S. 54f, Z. 366.

[10] Vgl. Aharoni, *Land of the Bible*, S. 375.

[11] In G und Vg wird er Ezechias genannt; in MT Ḥizqīyāhū oder Ḥizqīyā; in assyrischen Texten Ḫazaqi(j)au.

Juda, der wie sein Vater Achaz Vasall Assyriens war [12], eine bedeutende Rolle gespielt zu haben [13]. Es haben wohl nicht nur politische Gründe das Streben Hiskias nach Unabhängigkeit von dem assyrischen Joch gefördert, sondern es bewogen ihn dabei wahrscheinlich auch religiöse Motive. Der «Hauptverfasser» der Königsbücher, der zur Zeit Josias schrieb und von dem die Qualifikationen der einzelnen Könige bis Josia über ihr Verhalten zum Jahwekult stammen [14], zeichnet in 2 Kön 18,3-7a den Hiskia als einen frommen, Jahwe treu ergebenen König, der «tat, was Jahwe wohlgefiel» (V.3), d.h. er verehrte nur Jahwe, keinen der heidnischen Götter. Die religiöse Reform Hiskias scheint ihren Anstoss erhalten zu haben von dem Untergang des Nordreiches, wozu die Schwächung seines traditionellen religiösen Denkens geführt hat [15]. Vor allem lag Hiskia an der Reinheit und Ausschliesslichkeit des Jahwekultes. Darum zerschlug er das alte eherne Schlangenbild, *n^eḥuštān* genannt [16], dem seine Untergebenen räucherten (V.4a). Die Verehrung, die sie diesem Bild zollten, wurde ihm zwar als einer altehrwürdigen Reliquie dargebracht, aber es bestand mindestens die Gefahr, dass diesem Bild götzendienerische Ehre erwiesen wurde [17].

In seinem Eifer für den Jahwekult ging Hiskia noch weiter und schaffte die «Höhenkultorte» (*bāmōt*) ab (V.4a), an denen die Judäer Jahwe verehrten [18] und die bisher nicht beanstandet worden waren, sondern als rechtmässig galten. Auch vernichtete er die an diesen Heiligtümern üblichen symbolischen Steinsäulen und Holzpfähle (V.4). Diese Jahwehei-

---

[12] In den Annalen Sennacheribs (Chicago-Prisma, Kol. II, Z. 74f) wird Padī, der König von Eqron «vereidigter Vasall von Assyrien» (*bēl adê u māmīt ša māt Aššur*) genannt. In gleicher Weise hätten Hiskia und die anderen Könige Phöniziens und Palästinas genannt werden können. Über die Annalen Sennacheribs unten S. 15.

[13] Vgl. unten S. 10 den Krieg Sidkias gegen Gaza, und im Taylor-Prisma Kol. II, Z. 70-72, wo berichtet wird, dass Padi, der König von Eqron, von seinen Untergebenen dem Hiskia gefangen zur Verwahrung übergeben wurde.

[14] Vgl. Eissfeldt, S. 380f. Die Königsbücher, von denen hier die Rede ist, endeten in 2 Kön 23,25a.

[15] De Vaux, «Israel (Histoire d')», S. 755.

[16] Der Name *n^eḥuštān* spielt an sowohl auf die Materie des Gegenstandes (*n^eḥošet* = Erz) als auch auf seine Form (*nāḥāš* = Schlange). Vgl. Bible de Jérusalem zu 2 Kön 18,4.

[17] De Vaux, *Institutions*, S. 161 nennt dieses Bild kurz «un objet idolâtrique».

[18] Anstelle einer Beweisführung sollen nur einige kurze Hinweise gemacht werden. Schmidt, *Propheten*, S. 9: «Höhen» meint hier alle «Jahwe-Heiligtümer ausserhalb Jerusalems». De Vaux, *Institutions*, S. 113, bemerkt zu 2 Kön 18,4: In 2 Kön 23 «l'on voit qu'il s'agit bien de sanctuaires de Yahvé». Dasselbe ist auch daraus ersichtlich, dass jedem König von Juda, der gelobt wird, weil er tat, was Jahwe wohlgefiel, also allen heidnischen Kult unterdrückte, ausser bei Hiskia und bei Josia die eigenartig unpersönliche Bemerkung beigefügt wird, dass aber zu seiner Zeit die Höhenheiligtümer nicht abgeschafft worden seien.

ligtümer waren eine Nachahmung der kanaanäischen Kultorte [19] und bildeten daher eine grosse Versuchung, die Jahweverehrung mit heidnischen Kulten zu vermischen, wie schon die Übernahme der Steinsäulen des Baal und die Holzpfähle der Göttin Aschera zeigten. Die Steinsäule konnte leicht als Denkmal eines besonderen Ereignisses, etwa einer Jahweerscheinung gedeutet werden, aber der Holzpfahl, der die Göttin Aschera symbolisierte, war nicht leicht im jahwistischen Sinn umzudeuten, zumal er nach der kanaanäischen Göttin genannt war. Eine besondere Gefahr bildeten die unmoralischen Fruchtbarkeitsriten, die an den heidnischen «Höhenheiligtümern» getrieben wurden [20]. Hiskia hat also einen ersten Versuch gemacht, den ganzen Jahwekult auf den Tempel von Jerusalem zu beschränken. Der Verfasser der Rede Rabsakes [21] hat in 2 Kön 18,22 diese Zentralisierung des Kultes durch Hiskia ausdrücklich erwähnt und R. de Vaux sagt mit Recht: «il n'y a aucune raison de mettre en doute ce renseignement» [22].

Es musste dem frommen, Jahwe treuen Hiskia besonders schwer auf dem Herzen liegen, wenn Juda die Oberhoheit Assyriens, wie es scheint, auch dadurch anerkennen musste, dass es in Jerusalem auch den assyrischen Göttern Opfer darbringen musste. Die Pflicht, den Göttern des Oberherrn zu opfern, scheint so selbstverständlich gewesen zu sein, dass sie nur selten erwähnt oder auch nur angedeutet wurde. So haben wir eine Andeutung aus der Zeit des Achaz. Als er sich nämlich der assyrischen Oberherrschaft unterworfen (2 Kön 16,7) und dem assyrischen König in Damaskus seine persönliche Huldigung erwiesen hatte, liess er den Altar, den er dort gesehen hatte, in Jerusalem nachahmen und anstelle des bisherigen ehernen Altares im Tempelhof bauen und von nun an im Gottesdienst ausschliesslich benützen (16,10-16). Achaz hat gewiss nicht den Altar des besiegten Rasun, sondern sehr wahrscheinlich einen assyrischen Altar nachgeahmt [23]. Ausdrücklich berichtet Sennacherib in seinen Annalen [24], dass er bei seinem 1. Feldzug auf dem Rückmarsch

---

[19] De Vaux, *Institutions*, S. 107.

[20] Ebenda, 113.

[21] Vgl. unten S. 41.

[22] De Vaux, *Institutions*, S. 182. 185. Die Kultzentralisation Hiskias ist nicht eine literarische Nachahmung und Vorausnahme der Kultreform Josias; denn die Massnahmen der beiden Könige scheinen aus verschiedenen Absichten getroffen worden zu sein. Josia hat sie unter dem Einfluss des Dt durchgeführt; nach Alt, «Heimat», S. 395, betonte das Dt die Einheit Jahwes (Dt 6,4f) als dogmatische und ethische Grundanschauung; daraus folgte mit zwingender Notwendigkeit die Einheit des Kultortes, deren Forderung denn auch an den Beginn der eigentlichen Rechtssätze des Dt gestellt wurde. Aber die Kultreform Hiskias geht nicht auf das Dt zurück und wird auch nicht darauf zurückgeführt, sondern wird wohl einfach aus seiner Sorge für die Reinheit der Jahweverehrung und aus den Untergang des Nordreiches erklärt werden müssen (vgl. oben S. 3 und Anm. 15).

[23] Vgl. Kittel, S. 463.

[24] Annalen, Kol. I, Z. 60-64.

von Babylon eine Stadt erobert habe: «Jenes Gebiet ordnete ich neu: 1 Ochsen, 10 Widder, 10 Eselslasten Wein, 20 Eselslasten seiner besten Datteln setzte ich (als Gaben) für die Götter Assyriens, meine Herren, für immer fest».

Wie immer Hiskia die assyrische Oberherrschaft im Kult anerkennen musste, er konnte diese nur abschaffen, wenn er das assyrische Joch abwarf. Das tat er auch: «Er fiel vom König von Assyrien ab und machte sich selbständig». Dies berichtet 2 Kön 18,7b nach dem Lob seiner Jahwetreue. Jetzt war er frei, in seinem Reich die ausschliessliche Verehrung Jahwes durchzuführen. Nach S. Herrmann stellte nun Hiskia nicht nur seine Tributzahlungen ein, sondern scheint «auch assyrische Kultsymbole in Jerusalem beseitigt zu haben, die dort die assyrische Oberherrschaft repräsentieren sollten» [25]. Vielleicht hat Hiskia erst jetzt auch die übrige Kultreform, die Zentralisierung der Jahweopfer durchgeführt [26]. Das würde erklären, warum diese Reform nur kurze Dauer und darum auch keine nachhaltige Wirkung hatte, denn bald wurde Hiskia von Sennacherib wieder unterworfen und verlor seinen Einfluss auf das Volk; sein Sohn Manasse hat nicht nur den Götzendienst wieder eingeführt, sondern auch die Jahwehöhen wieder hergestellt, die Hiskia zerstört hatte (2 Kön 21,3).

Jedenfalls wird das Vertrauen auf Jahwe, das Hiskia bei dem Einfall Sennacheribs verraten wird, zeigen, dass er glaubte, etwas Jahwe Wohlgefälliges getan zu haben durch seine Rebellion, die ihm ermöglichte, viel für Jahwes Verehrung zu tun. Der Verfasser der Königsbücher spendet nur den zwei Königen uneingeschränktes Lob, die den Jahwekult auf ein einziges Heiligtum beschränkten. Hiskia und Josia erhalten das Lob, dass sie unter den Königen von Juda nicht ihresgleichen gehabt haben. Es ist nun bedeutsam, dass ihre Unvergleichlichkeit auf verschiedene Eigenschaften bezogen wird. Von Josia heisst es in 2 Kön 23,25a: «Seinesgleichen gab es vor ihm keinen König, der sich von ganzem Herzen, von ganzer Seele und mit aller Kraft ganz entsprechend dem mosaischen Gesetz Jahwe zugewandt hätte (*šāb*); [V.25b: und nach ihm ist keiner seinesgleichen aufgetreten]» [27]. Dieses Lob Josias wird also Hiskia nicht gespendet. Bei Hiskia wird nicht die volle Jahweergebenheit als höchstes Lob genannt, sondern sein einzigartiges Vertrauen auf Jahwe in 2 Kön 18,5a.bα: «Er setzte sein Vertrauen auf Jahwe, den Gott Israels, so dass nach ihm keiner seinesgleichen war unter allen Königen Judas;

---

[25] Herrmann, S. 316. Ganz ähnlich Wildberger, S. 687.

[26] Vgl. von Rad, I, S. 349. Das war nicht ein völliges Novum. In der vorstaatlichen Zeit gab es eine gewisse Einheit der Kultstätte.

[27] Die Königsbücher endeten einst in 2 Kön 23,25a; vgl. Anm. 14. V.25b ist die Überleitung zur späteren Fortführung der unter Josia abgeschlossenen Königsbücher.

[V.5bβ: noch (unter) denen, die vor ihm gewesen sind]»[28]. Der Vergleich des Hiskia mit den späteren Königen kann sich nur auf Josia beziehen, setzt also das Jahwevertrauen Hiskias über das des Josia. Tatsächlich hat Hiskia während der Invasion Sennacheribs in Palästina im Jahr 701 v.Chr. ein so felsenfestes, ja unglaubliches Vertrauen auf Jahwes Hilfe gezeigt (s. unten S. 12 und S. 65), dem bei Josia nichts Vergleichbares zur Seite gestellt werden konnte. Leider war Hiskias Gottvertrauen nicht erleuchtet; denn er gründete es bloss auf seinen Eifer für den reinen Jahwekult und missachtete den ihm vom Propheten Jesaja verkündeten Willen Gottes.

II. Der Aufstand Hiskias gegen Sennacherib

Die Versuchung, sich gegen die Oberherrschaft Assyriens zu erheben, wurde in Phönizien und Palästina wohl geweckt durch den Aufstand in Babylon, als zuerst ein Babylonier, dann Merodach-Baladan sich des babylonischen Thrones bemächtigte (s. oben S. 1f). Als Hiskia beschloss, sich der Verschwörung gegen Sennacherib anzuschliessen, war sein erstes Bestreben, sich die Hilfe Ägyptens zu sichern. Aber Hiskia und die Grossen des Reiches Juda wussten sehr wohl, dass der Prophet Jesaja sich einem Bund mit dem heidnischen Ägypten und dem Bruch des Assyrien geschworenen Treueides widersetzen würde. Er hatte dies öfters durch seine Mahnungen und Warnungen bewiesen, zuletzt gegen die Teilnahme Judas an der Rebellion der Philisterstadt Ašdod gegen Sargon von Assyrien, als er nach Jes 20,1-6 lange Zeit ohne Obergewand und barfuss einherging und so ganz anschaulich die Folgen einer Rebellion einschärfte (vgl. unten S. 45).

Wie vor 30 Jahren unter Achaz (Jes 7f), so entspann sich auch jetzt um 703 v.Chr. ein geistiger Kampf zwischen Jesaja und Hiskia. Damals um 733 v.Chr. bemühte sich Jesaja, ein Bündnis des Achaz mit Tiglat-Pileser und die Unterwerfung unter die assyrische Oberherrschaft zu verhindern. Jetzt rang der Prophet gegen ein Bündnis Hiskias mit Ägypten und gegen Abwerfung des assyrischen Joches. Dieser Kampf zwischen Prophet und König scheint oft dramatisch gewesen zu sein. Leider hat der Prophet nicht wie in Jes 7f den Hintergrund des Geschehens angegeben, sondern es sind uns nur seine Worte überliefert[29], und wir können nur erschliessen, was hinter ihnen steht. Da der König und seine Ratgeber sehr wohl wussten, welche Haltung Jesaja einnehmen werde, scheinen sie ihre Pläne

---

[28] Die sprachlich ungeschickte Aussage 18,5bβ ist sehr wahrscheinlich eine spätere, der Aussage 23,25b angepasste Ergänzung.

[29] Die betreffenden Prophetenworte sind in Jes 28 – 31 enthalten, aber vermischt mit Worten, die nichts zu tun haben mit der hier behandelten Auseinandersetzung.

zuerst vor ihm geheim gehalten zu haben[30], sodass der Prophet nur ahnte, dass etwas im Gang war, und deshalb nur mit unbestimmten Worten warnen konnte. Aber als sie ihren Plan, Botschafter nach Ägypten zu schicken und mit dem Pharao ein Bündnis zu schliessen, unverhüllt aussprachen, und noch mehr, als die Boten bereits dorthin abgereist waren, kämpfte er mit offenem Visier (vgl. Jes 30,1-7).

Aber das Ringen des Propheten blieb erfolglos. Hiskia ging ein Bündnis mit Ägypten ein, schloss sich der grossen antiassyrischen Koalition an und machte sich von Assyrien unabhängig. Der Prophet hatte getan, was er konnte, aber der König und seine Grossen blieben blind. Sie hielten an der Politik fest, die sie für die richtige hielten. Jesaja war ohnmächtig gegen sie, und so blieb ihm nichts anderes übrig als sich ins Schweigen zurückzuziehen, dem ausgelösten Geschehen seinen Lauf zu lassen und den Hiskia seinem tragischen Schicksal zu überlassen, bis Gott ihm einen neuen Verkündigungsauftrag geben würde (vgl. unten S. 94).

Einen Höhepunkt des Bemühens Jesajas, den König von seiner menschlichen Politik abzubringen, bildet das Wort 30,15, in dem der Prophet noch einmal den Sinn der von ihm verkündeten göttlichen Politik zusammenfasst und deutlich erklärt:

15 Denn so sprach Jahwe, der Heilige Israels:
In Hinwendung (zu mir)[31] und in Ruhehalten
liegt euer Heil,
im Stillesein und im Vertrauen (auf mich)
besteht eure Stärke.
Aber ihr habt nicht gewollt
16 und sagtet: Nein!

Die letzten Worte sagen, dass der König mit dem Propheten gebrochen hat.

Die in diesen Worten des Propheten beschriebene Politik, die Jahwe von Hiskia verlangt, meint ganz konkret, dass der König und seine Grossen die Befreiung Judas vom assyrischen Joch nicht in eigene Hand nehmen, sondern sie ganz Jahwe überlassen sollen. Jahwe wird Juda

---

[30] Vgl. Jes 29,15 und Eichrodt, *Der Herr der Geschichte*, S. 153.

[31] Nach Gesenius–Buhl bedeutet *šūb* nicht nur «zurückkehren», sondern auch einfach «sich wenden». Darum bedeutet *šūb 'el Yahwe* nicht nur «zu Jahwe zurückkehren», sondern auch einfach «sich zu Jahwe wenden, sich ihm zuwenden»; vgl. 2 Kön 23,25a (oben S. 5). Die Bedeutung von *šūb* wird auch durch die dem Verb folgende Präposition bestimmt: *šūb min* = «sich abwenden von»; *šūb 'el* = «sich hinwenden zu». Wenn die Präposition fehlt, ist der Sinn durch den Kontext bestimmt. So meint in Jes 30,15 *šūbā* = «Hinwendung (zu Gott)»; vgl. ebd. *biṭḥā* = «Vertrauen (auf Gott)».

gewiss befreien, aber zu jener Zeit und auf jene Weise, die er selbst wählen wird. Jahwe will also, dass Hiskia und die Grossen seines Reiches nicht ein Bündnis mit Ägypten eingehen und ihre Zuversicht darauf setzen, dass sie nicht den Assyrien geschworenen Treueid brechen sollen, sondern geduldig und gelassen warten, bis Jahwe selbst eingreifen wird, im Vertrauen darauf, dass Gott zu seiner Zeit wirklich handeln wird [32].

Doch Hiskia folgte seinen eigenen Plänen, die er für klug hielt, und fiel von Assyrien ab. Zugleich machten sich auch andere Könige und Reiche unabhängig. Aus den Annalen Sennacheribs wissen wir, dass ganz Phönizien unter der Führung des Königs von Sidon dazu gehörte. Den Empörern schlossen sich auch die Könige von Ammon, von Moab und von Edom, ferner der König von Ašqalon, dem auch Jafa und andere Philisterstädte unterstanden. Der eigentliche Führer des Aufstandes in Palästina scheint Hiskia von Jerusalem gewesen zu sein, denn als die Bewohner der Philisterstadt Eqron ihren assyrientreuen König absetzten, überlieferten sie ihn in Ketten an Hiskia. Der Stadtstaat Gaza und sein König blieben Assyrien treu, denn Sennacherib belohnte ihn nach Niederwerfung Palästinas mit Gebieten Hiskias. Damit hängt vermutlich der erfolgreiche Zug Hiskias nach Gaza zusammen, denn 2 Kön 18,7b-8 berichtet: Hiskia «wurde abtrünnig vom König von Assyrien und blieb ihm nicht untertan. Er war es, der die Philister schlug bis nach Gaza hin und 'sein' Gebiet unterwarf, die Wachttürme sowohl wie die befestigten Plätze verheerte» [33]. Er vertrieb wohl den König von Gaza, den Sennacherib wieder auf den Thron setzte [34]. (Auch Ašdod hatte nach der Niederlage von 712 [vgl. unten S. 45] wieder einen König, der jetzt treu blieb.) Aus dem Schweigen der Annalen Sennacheribs ergibt sich, dass nur Untertanenländer sich gegen Sennacherib empörten, nicht aber die assyrischen Provinzen [35]. Auch der König von Eqron wollte Assyrien die Treue halten, wurde aber von seinen Untergebenen gefangengesetzt.

Die antiassyrische Koalition im Südwesten des Reiches erhob sich wohl im Jahr 703, aber scheint den Bruch formell erst im Jahr 702 vollzogen zu haben, indem sie in diesem Jahr den jährlichen Tribut nicht

---

[32] Es ist die gleiche Politik, die Jahwe im Jahr 733 v.Chr. durch Jesaja von Achaz verlangt hatte. Als Juda durch zwei feindliche Könige bedroht wurde und Achaz die Hilfe des Assyrerkönigs anrufen und sich ihm unterwerfen wollte, sprach der Prophet im Auftrag Jahwes: «Gib acht und verhalte dich ruhig!» (Jes 7,4a), bemühe dich nicht um die Hilfe Assyriens, denn: «Wenn ihr nicht fest glaubt, so werdet ihr nicht fest stehen!» (Jes 7,9b).

[33] Vgl. Zürcher Bibel und Boccaccio, S. 174, zum Gebrauch von *min... 'ad*.

[34] Annalen, Kol. III, Z. 31f.

[35] Assyrische Provinzen waren Syrien, das ehemalige Reich Damaskus, ferner Galaad, Galiläa, Esdrelon, Samaria, die Ebene Scharon. Vgl. Aharoni, *Land of the Bible*, Karte auf S. 375.

mehr bezahlte[36]. Anfangs schien der Abfall gelungen zu sein; denn im Jahr 702 war das Heer Sennacheribs mit dem 2. Feldzug in das Bergland im Osten in Anspruch genommen. Doch schon auf seinem 3. Feldzug im Jahr 701 v.Chr. zog Sennacherib gegen die antiassyrische Koalition im Südwesten seines Reiches.

III. Sennacheribs 3. Feldzug und Hiskias Verhalten

Der Verlauf dieses Feldzuges lässt sich in seinen wesentlichen Zügen den Annalen Sennacheribs entnehmen[37], wenn sie auch nicht alle Einzelheiten in genau chronologischer Ordnung berichten. Sennacherib zog zuerst gegen Phönizien. Der Anführer der Revolte, Lulī, der König von Sidon, floh von Tyrus nach Zypern, wo er starb[38], und Sennacherib setzte einen König seiner eigenen Wahl ein. Auch alle festen Städte des südlichen Phönizien bis Akko fielen der Wucht des assyrischen Angriffes zum Opfer. Nur die Inselfestung Tyrus griff er nicht an; sie konnte ihm nicht gefährlich werden, doch behielt er sie im Auge von Ušū, Palaityrus auf dem Festland aus, wo er sein Feldlager aufschlug.

Dieser unerwartete Siegeszug Sennacheribs jagte den anderen Verschwörern einen gewaltigen Schrecken ein, und fast alle unterwarfen sich ihm schleunigst und entkamen auf diese Weise einer harten Strafe. Sie brachten ihm nach Ušū[39] ihre schweren Abgaben, und zwar zahlten sie Sennacherib «zum vierten Mal»[40] ihren Vasallentribut. Es waren die

---

[36] S. unten Anm. 39.

[37] Übersetzung des 3. Feldzuges Sennacheribs von Oppenheim in *ANET*, S. 287-288; von Borger in *TGI*, S. 67-69.

[38] Die Einzelheiten, dass Lulī, der König von Sidon, aus Tyrus nach Zypern floh und dort starb, fehlen in den Prismeninschriften, finden sich aber in der Stierinschrift aus Ninive, bei Luckenbill, *Annals*, S. 68, Z. 18f. Tyrus gehörte zum Reich des Lulī.

[39] Ušū wird genannt in der gleichen Stierinschrift, bei Luckenbill, *Annals*, S. 69, Z. 20.

[40] Annalen, Kol. II, Z. 59, bei Borger, *Lesestücke*, S. 73: *a-di 4-šú*. Meist werden diese Worte als Multiplikativzahl verstanden: «viermal, vierfach»; so Oppenheim in *ANET*, S. 287: «fourfold»; Ebeling in *AOT*, S. 352: «in hohem Grade (?)»; Borger in *TGI*, S. 67: «vierfach (?)», aber in den *Lesestücken*, S. 135, bemerkt er: «'vierfach'; sachlich nicht recht klar». Jedoch zwingt nichts dazu, die Worte der Annalen als Multiplikativzahl zu verstehen; vielmehr können sie mit Luckenbill, *Annals*, S. 30, als Zahladverb verstanden werden im Sinn von «for the fourth time»; vgl. von Soden, *Grundriss*, §71a and b. Vgl. unten S. 21-23 die «ʿAzeqa-Inschrift», Z. 19: *ina 7-šú* «in the seventh time», bei Na'aman, S. 26, 28 und 30, Anm. 17. Danach sagt der Text der Annalen: Die Könige «brachten ihre schwere Abgabe zum 4. Mal vor mich». Diese Aussage ist durchaus sinnvoll und passt ausgezeichnet in den Zusammenhang, ja gibt uns einen wertvollen Hinweis auf die Zeit des Anfangs des Aufstandes. Sie zahlten dem Sennacherib ihren Tribut zum 1. Mal im Jahr 705, zum 2. Mal im Jahr 704, zum 3. Mal im Jahr 703. Im Jahr 702 zahlten sie ihn nicht, rebellierten also offen. Aber im Jahr 701 bei der Invasion Phöniziens zahlten sie ihn wieder, und zwar «zum 4. Mal».

phönizischen Könige von Arwad und Byblos, die Könige von Ammon, von Moab und von Edom, der Philisterkönig von Ašdod. So war die ganze Koalition auf einen Schlag zusammengebrochen[41].

Ungebeugt blieben nur drei der Empörer, die den Mut zum Widerstand aufbrachten: 1) der neu eingesetzte König von Ašqalon, dessen Herrschaft sich auch auf das Gebiet von Jafa und naheliegende Städte des nördlichen Philistäa erstreckte; 2) die Einwohner der Philisterstadt Eqron, die ihren assyrientreuen König in Fesseln gelegt hatten; 3) Hiskia, der König des kleinen Reiches Juda. Aber Sennacherib eroberte unbehindert Ašqalon und seine Städte, liess den König von Ašqalon und seine Familie gefangen nach Assyrien abführen und setzte den früheren König wieder auf den Thron. Bevor er sich gegen Eqron wenden konnte, kam ein ägyptisches Entsatzheer. Aber der König von Assyrien schlug es bei Elteqe in die Flucht, belagerte dann Eqron und nahm es ein. Die Strafe, die der durch seine Grausamkeit bekannte Sennacherib den Rädelsführern zufügte, war streng: er tötete sie und hängte ihre Leichen an den Türmen der Stadt auf; ihre Untergebenen, die mitschuldig waren, nahm er gefangen; nur die Schuldlosen liess er frei.

Nun war von der ganzen antiassyrischen Allianz Juda allein noch übrig. Von Ägypten konnte Hiskia keine Hilfe mehr erwarten, sondern sich nur auf Jahwe verlassen, für dessen Kult er so eifrig gesorgt hatte. Jetzt griff Sennacherib das alleinstehende Reich Juda mit seiner ganzen Macht an[42]. Aber Hiskia leistete ihm Widerstand, offenbar im Vertrauen auf Jahwes Hilfe. Aber Jahwe griff nicht ein. Sennacherib belagerte 46 befestigte Städte Judas mit Hilfe von Belagerungsdämmen, Sturmwiddern, Untergrabungen und Sturmleitern und eroberte sie, plünderte auch zahlreiche offene Ortschaften und führte aus ihnen viel Vieh heraus. Er nahm auch zahllose Judäer gefangen[43], die er offenbar nach assyrischer Sitte deportierte. Ganz besonders rühmt sich Sennacherib der Eroberung der mächtigen judäischen Festung Lakisch und stellte das Ereignis auf einem Flachbild in Ninive dar: Sennacherib thront vor der Stadt, seine Truppen erstürmen die Festung, führen Gefangene ab und pfählen die Grossen von Lakisch im Angesicht der Stadt[44].

Der assyrische König hat also das ganze Land Juda besetzt, sodass dem Hiskia nur noch Jerusalem verblieb. Aber selbst jetzt blieb Hiskia ungebeugt. Mit verzweifeltem Mut setzte er auch jetzt noch sein Vertrauen auf Jahwe. Der Gott Israels, für den er so viel getan hatte, musste ihm helfen. Das Drama Hiskias näherte sich seinem Höhepunkt. Es

---

41 Näheres über den Verlauf des Feldzuges unten, S. 20.

42 Vielleicht hat Sennachrerib bereits vorher Truppen gegen Juda geschickt.

43 Sennacherib schreibt, er habe 200.150 Leute gefangen genommen. Doch ist der Sinn dieser erstaunlich hohen Zahl noch nicht befriedigend erklärt.

44 Gressmann, Fig. 138, 140, 141.

erfüllte sich die Drohung, die Jesaja schon nach dem Ungehorsam des Achaz vor dreissig Jahren in Jes 8,6-8 ausgesprochen hat, nachdem er gegen den Rat des Propheten und gegen den Willen Jahwes in der Unterwerfung unter die Assyrer Rettung gegen seine zwei Angreifer gesucht hatte. Sein Nachfolger wird diesen Ungehorsam des Achaz durch die Invasion eben dieser Assyrer büssen müssen.

Der Text von Jes 8,6-8 lautet:

6a «Zur Strafe dafür, dass dieses Volk verschmäht hat
die sanft fliessenden Wasser des Siloah
6b ['wegen des Stolzes' ([a]) Rasons und des Remalja-Sohnes],
7aα darum 'siehe werde ich' ([b]) ' ' ([c]) emporsteigen las en
die gewaltigen und grossen Wasser des Euphrat,
7aβ [den König von Assur und all seine Herrlichkeit].
7b Der wird über all seine Flussbetten steigen
und über all seine Ufer treten,
8a und er wird in Juda einbrechen, es überschwemmen und überfluten und bis an den Hals reichen.
8b Und es wird geschehen: seine ausgedehnten Ränder
werden die ganze Weite deines Landes erfüllen, o Immanuel!»

Textkritische Bemerkungen:

([a]) Statt *um^{e}śōś 'et* lies wohl *miśś^{e}'ēt*: Ditt. von *ś*; falsche Abtrennung von *'t*; zum Sinn vgl. Gesenius–Buhl, s.v. *nāśā* n. 1b.

([b]) Statt *hinnē '^{a}dōnāi* lies *hinn^{e}nī*, da Jahwe selbst spricht (V.5).

([c]) Streiche *'^{a}léhem* (über die Ufer), denn es nimmt das Folgende voraus; dadurch wird zugleich vermieden, dass der erste Halbvers von V.7a fünf Akzente hat, während er höchstens vier haben kann.

Die beiden Zeilen V.6b und V.7aβ sind wohl Glossen, die zwar die Bilder des Siloah und des Euphrat treffend erklären, aber die Bildsprache der Propheten verlassen und ohne Bild sprechen. Das «Wasser des Siloah», das ganz schwaches Gefälle hat, bezeichnet die unscheinbare Hilfe Jahwes, die der Prophet dem Achaz versprochen hat. Das «Wasser des Euphrat» ist das mächtige Heer der Assyrer. Die assyrische Invasion des Westens, die bis Juda vordringen wird, ist verglichen mit einer gewaltigen Überschwemmung des Euphrat.

Der Schlussvers V.8b bereitet den Erklärern grosse Schwierigkeit, und zwar zunächst darum, weil sie das Wort *kānāp*, das oft «Flügel» eines Vogels bedeutet, auch hier in diesem Sinn verstehen und folglich annehmen, dass V.8b von einem grossen Vogel spreche. Nach Wildberger[45] erwecke «der abrupte Wechsel des Bildes Bedenken», ja

[45] Wildberger, S. 237.

durch ihn sei «ausgeschlossen, dass 8b zum ursprünglichen Bestand von 8,5ff.» gehöre. Die meisten Erklärer nehmen ohne weiteres an, dass in V.8b von einem Vogel die Rede sei, aber Wildberger (ebd.) sucht dies zu begründen mit den Worten: «Zweifellos liegt das Bild eines grossen Vogels vor, was schon durch *muṭṭā*, 'Spannweite', nämlich der Flügel, gesichert ist». Aber dabei setzt er schlechthin voraus, dass dieses hapax legomenon sich auf Vogelflügel beziehen müsse, was durchaus nicht der Fall ist. Das Verb *nāṭā* «ausspannen», von dem *muṭṭā* abzuleiten ist, könnte gewiss von Vogelflügeln verwendet werden, aber tatsächlich wird nie gesagt «die Vogelflügel ausspannen», wohl aber wird gesagt, eine Messschnur, ein Zelttuch, den Himmel ausspannen. Der Grund Wildbergers, wonach in V.8b «zweifellos» von einem Vogel die Rede sei, setzt folglich voraus, was zu beweisen wäre. Es wird von den meisten Erklärern des V.8b nicht beachtet, dass *kānāp* nicht nur «Flügel» eines Vogels bezeichnet, sondern auch «Rand, Saum» bedeutet, den Zipfel eines Kleides, den Rand einer Bettdecke, die Säume der Erde, in Ez 7,2 «die vier Seiten des Landes». In Jes 8,8b ist *kānāp* eine sehr geeignete Bezeichnung der «Ränder» der Überschwemmung eines überströmenden Flusses[46]. Richtig übersetzt J. Ziegler[47] den V.8b: «Seine ausgedehnten Ränder werden dein weites Land erfüllen, o Immanuel!» Nach Wildberger (ebd.) kenne das Hebräische diesen Gebrauch des Wortes *kānāp* nicht. Aber gerade dies steht in Frage. Ein einziger Beleg genügt, um seine Behauptung zu widerlegen.

Eine weitere Schwierigkeit verursachen die Schlussworte von V.8b: «dein Land, o Immanuel». Duhm (S. 56) sagt, er könne hier mit einer angeredeten Person nichts anfangen; für ihn ist das Suffix in *'rṣk* «ganz rätselhaft». Er versteht es darum als *kī*, doch scheint ihm kaum jemand darin gefolgt zu sein, aber die Ursprünglichkeit und der Sinn von V.8b ist umstritten. Jedenfalls bleibt die Frage, wer die Person sei, deren Land Juda von dem assyrischen Heer verheerend überflutet werden wird. Wie unbefriedigend die gegebenen Erklärungen sind, soll nur an zwei Beispielen gezeigt werden, und ihnen eine Antwort entgegengestellt werden, die eher zufriedenstellend zu sein scheint.

Kaiser[48] meint, der Immanuel von 7,14 bezeichne kollektiv die Söhne, an denen die jungen Frauen damals schwanger waren. So kann er mit dem Immanuel in 8,8b nichts anfangen und sagt ganz blass, der Immanuel werde hier nur deshalb genannt, um an Jes 7,10-17 zu erinnern; Jes 8,8b sage bloss, dass die dort von Jahwe ausgesprochene Drohung für das davidische Reich auch über den syro-ephraimitischen

---

[46] So übersetzt Gesenius–Buhl das Wort unter dem Stichwort *kānāp*, n. 2b. Auch Köhler–Baumgartner sub voce n. 2b erwähnt diese Bedeutung.

[47] Ziegler, S. 35.

[48] Kaiser, S. 81f und 90.

Krieg hinweg in Kraft bleiben werde. Wildberger[49] vertritt zwar mit äusserster Zurückhaltung die Meinung, der Immanuel meine den Sohn des Achaz, Hiskia, trennt aber V.8b von dem vorausgehenden Orakel, zu dessen Verständnis er folglich nichts beitragen könne. Der Feind, von dem das Orakel spreche, sei «eben dieser Assyrerkönig, dem sich Achaz ... in die Arme geworfen» habe; es sei also Tiglat-Pileser, «welcher Juda mit seinen Heeresmassen» überfluten werde (ebd. S. 325). Da aber Tiglat-Pileser Juda nie überflutet hat, weil Achaz stets sein treuer Vasall blieb, wäre das Orakel eine leere Drohung gewesen, wozu sich Wildberger nicht äussert.

Der Verfasser dieses Aufsatzes kam schon vor Jahren aus dem ganzen Textzusammenhang von Jes 7 zu dem Schluss, dass Immanuel der symbolische Name ist, mit dem Jesaja in 7,17 den künftigen Sohn und Thronfolger des Achaz vorausgesagt hat[50]. Der Sinn des Namens ist ganz klar: er bezeichnet Gott als Helfer und Schützer; er wird den Plan der Gegner des Achaz vereiteln, die den König von Juda absetzen (und umbringen) und durch einen fremden, ihnen gefügigen König ersetzen wollen. «Gott ist mit uns»: er wird uns einen rechtmässigen, davidischen König geben, einen Sohn des Achaz. Der V.8b führt das Bild der Überschwemmung weiter und schliesst es ab, bildet also den Höhepunkt des Orakels. V.8a schildert das Vordringen der Überschwemmung bis Juda und die Tiefe des Wasserstandes; V.8b beschreibt ihre Ausdehung und deutet die Zeit ihres Eintretens an. V.8a sagt, dass das Wasser «bis zum Hals reichen» werde, d.h. dass die angekündigte assyrische Invasion von Juda äusserst gefährlich sein werde[51]. Juda wird dem Ertrinken nahe sein, aber das sagt nicht, dass Juda auch tatsächlich «ertrinken», d.h. ganz vernichtet werde. V.8b sagt, dass die dem Achaz angekündigte Strafe für seinen Unglauben, dafür dass er das assyrische Heer zu Hilfe gerufen und sich ganz unnötigerweise der assyrischen Oberherrschaft unterworfen hat, erst unter dem künftigen Sohn und Nachfolger des Achaz, also unter Hiskia eintreten werde. Der Prophet hat den genaueren Zeitpunkt dieser Invasion unter Hiskia nicht genannt und gewiss auch kaum gekannt, aber klar die Zeitspanne angegeben, in der sie erfolgen werde.

Tatsächlich trat die Versuchung, das Joch Assurs abzuwerfen, in den folgenden Jahrzehnten mehrmals an Juda heran, aber eine entschiedene Rebellion und eine alles verheerende Invasion trat erst etwa 30 Jahre

---

49 Wildberger, S. 290f.

50 Vgl. *Bib* 54 (1973) 294. Wildberger, S. 291, nennt Vertreter dieser Auffassung. Siehe auch Scharbert, S. 254f.

51 Vgl. den Notschrei des dem Ertrinken nahen Psalmisten in Ps 69,2: «Die Wasser reichen mir bis zur Kehle».

später, im Jahr 701, noch unter Hiskia, ein. Wir kennen die Geschichte Palästinas gut genug, um dies feststellen zu können.

1. Solange der grosse Tiglat-Pileser, der Eroberer Palästinas, lebte, wagte keiner der unterworfenen Palästiner aufzubegehren. Aber als er gegen Ende 727 starb und Anfang 726 sein Sohn Salmanassar V. den Thron Assurs bestieg [52], bereiteten die Philister einen Aufstand vor und sandten Boten an Juda, vielleicht auch an Hosea von Samaria, und luden zur Teilnahme am Aufstand ein. Aber Jesaja riet durch sein Wort 14,29-32 dringend davon ab und drohte im Fall einer Rebellion mit einer harten Bestrafung durch das siegreiche Assyrien [53]. Wir wissen nichts von dieser Aufstandsbewegung vom Anfang des Jahres 726. Jedenfalls hielt Juda dem neuen assyrischen König die Treue. 2 Kön 17,3 berichtet über Hosea von Israel: «Gegen ihn zog Salmanassar, der König von Assyrien; Hosea unterwarf sich ihm und zahlte ihm Tribut». Wenn dieser Zug Salmanassars, wie wahrscheinlich ist, im Zusammenhang stand mit der eben erwähnten Aufstandsbewegung der Philister, so fand der Zug Salmanassars im Jahr 726/725 statt.

2. Juda war auch nicht beteiligt an dem Aufstand, den Hosea von Israel gegen den kaum abgezogenen Salmanassar um 725/724 unternahm [54] und der dazu führte, dass Salmanassar ihn überraschte und gefangennahm sowie das ganze Land mit Krieg überzog. Er belagerte die Stadt Samaria zwei Jahre lang [55], nahm sie im Jahr 722 ein [56] und zerstörte sie [57]. Doch starb Salmanassar kurz darauf im Dezember (Ṭebet) 722 und konnte so keine weiteren Massnahmen gegen die Einwohner von Samaria treffen. Sehr wahrscheinlich eilte das assyrische Heer auf die Kunde der Machtergreifung durch Sargon nach Hause [58]. Infolgedessen waren die Samarier in der Lage zu neuen Unternehmungen.

---

[52] Tiglat-Pileser III. starb im Monat Ṭebet (Dez. 727 / Jan. 726), und sein Sohn Salmanassar V. bestieg den assyrischen Thron am 25. Ṭebet. Vgl. Babylonische Chronik I, Zeilen 24-27, bei Grayson, S. 73.

[53] Der Prophet spricht in diesem Text vom Tod eines Bedrückers Palästinas und von seinem Sohn und Nachfolger, scheint also an den Tod Tiglat-Pilesers, des Eroberers Palästinas, und an seinen Sohn Salmanassar zu denken. Diesem Wort Jesajas geht in 14,8 die Bemerkung voraus: «Im Todesjahr des Königs Achaz erging folgender Spruch». Fischer, S. 123, wird recht haben, wenn er dazu bemerkt: «Von Isaias selbst stammt diese Überschrift ja kaum». Das Todesjahr des Achaz wird übrigens verschieden angesetzt und dient daher nur der allgemeinen Datierung des Spruches und der Aufstandsbewegung.

[54] Jesaja warnt bei dieser Gelegenheit die stolzen Herren der Stadt Samaria und sagt ihnen in Jes 28,1-4 einen «Starken und Gewaltigen», nämlich den assyrischen Grosskönig an, der sie unwiderstehlich niederwerfen werde.

[55] Die in 2 Kön 17,5 angegebene Zahl von «drei Jahren» Belagerung zählt wie gewohnt den terminus a quo und den terminus ad quem mit. Die Belagerung dauerte nach 2 Kön 18,9f vom 4. bis zum 6. Jahr Hiskias.

[56] Vgl. 2 Kön 17,5-6aα.

[57] Die grosse babylonische Chronik, Grayson, S. 73, Z. 27, sagt: Salmanasassar «zerstörte die Stadt Samara'in». Diese Gleichsetzung wird begründet von Tadmor, «Campaigns of Sargon II», S. 39f.

[58] Ebenda, S. 33b.

3. Im 2. Jahr Sargons (720) stiftete der König Jaubi'di von Hamat eine antiassyrische Verschwörung an, und es gelang ihm, die Städte Arwad, Ṣimirra, Damaskus und Samaria dafür zu gewinnen[59], doch Juda liess auch jetzt die Hände aus dem Spiel. Sargon griff die Verschwörer im gleichen Jahr entschieden an und schlug sie vernichtend in Qarqar: «Ihm selbst zog ich die Haut ab; die Rebellen tötete ich in ihren Städten», also auch die von Samaria. Dazu brauchte es keine neue Belagerung, da Samaria zerstört war; wohl aber konnten die Samarier sich noch verteidigen, denn Sargon sagt in dem Nimrud-Prisma[60] ausdrücklich von den Abtrünnigen unter ihnen, dass er mit ihnen kämpfte und dass sie Streitwagen hatten; es handelt sich offenbar um das 2. Jahr Sargons (720).

4. Erst etwa um 714 scheint die jerusalemer Politik ihren Kurs gegenüber Assyrien geändert zu haben und für Aufstandsbewegungen anfällig geworden zu sein[61]. Als die Philisterstadt Aŝdod sich gegen Sargon erhob, musste Jesaja zwei Jahre lang[62], etwa 713-711, in göttlichem Auftrag durch eine auffällige symbolische Handlung warnen, sich diesem Aufstand gegen das mächtige Assyrien anzuschliessen. Wenn Juda damals abfiel und von Assur angegriffen wurde, erlitt es gewiss keine Invasion, die auch nur im entferntesten mit der Überschwemmung von Jes 8,6-8 verglichen werden könnte. Nach 711 erreichte die Macht Sargons ihren Höhepunkt, und im Jahr 710 gelang es ihm endlich, Merodach-Baladan, den König von Babylon, zu vertreiben. Er setzte sich auf den Thron Babylons und ergriff die Hände Marduks, wodurch er auch offiziell König von Babylon wurde. So dehnte sich Sargons Herrschaft weit aus und stand unerschüttert fest. Solange Sargon lebte, blieb auch Hiskia Assyrien treu, bis er unter Sennacherib im Jahr 703, den dringenden Drohungen Jesajas zum Trotz (s. oben S. 6-7) seinen grossen verhängnisvollen Aufstand wagte. Erst jetzt verwirklichten sich die Voraussetzungen von Jes 8,6-8, und zwar in vollem Masse.

---

[59] Nach der grossen Prunkinschrift Sargons aus Khorsabad, Z. 33-36. Vgl. *AOT*, S. 349, und *ANET*, S. 285b. Der assyrische Text liest zwar nicht «Arwad», sondern «Arpad» (*KB* II, S. 56, Z. 33: *Ar-pad-da*), aber Oppenheim übersetzt in *ANET* «Arwad», wohl absichtlich, obwohl er keine Anmerkung dazu macht. Er nimmt wahrscheinlich einen Schreibfehler für *A-ru-da* an, wohl richtig, denn Arpad liegt weit nördlich von Hamat, während die Inselfestung Arwad wie Ṣimirra sich relativ nah, südwestlich von Hamat befindet. Arwad hat auch 703 an der Rebellion gegen Sennacherib teilgenommen, vgl. Luckenbill, *Annals*, Chicago-Prisma, II, 52.

[60] Nimrud-Prisma, hrsg. von Gadd in *Iraq* 16 (1954) 173-201, Fragment D., Kol. IV, Z. 25-49. Umschrift und Übersetzung S. 179-180; auch bei Tadmor, «Campaigns of Sargon II», S. 34, besonders Z. 25-30.

[61] Hier ist nicht der Ort, den Grund dieser Änderung der judäischen Politik zu untersuchen.

[62] Zu den «zwei Jahren» vgl. oben, Anm. 55.

Kapitel 2

Die Quellen über Sennacheribs Palästinafeldzug

Der genaue Verlauf dieses in der Geschichte Jerusalems wichtigen Ereignisses ist nicht leicht festzustellen. Das liegt nicht am Mangel an Nachrichten. Im Gegenteil, wir haben sogar ausführliche Quellen darüber, aber sie sind so verschiedener Art, dass ihre richtige Auswertung grosse Anforderungen stellt. Vor allem ist eine kritische Einschätzung der Besonderheit jeder dieser Quellen erfordert.

I. Die assyrischen Quellen

1. Die Annalen Sennacheribs

Sennacherib berichtet in seinen Annalen eingehend über seinen dritten Feldzug, den er im Jahre 701 v.Chr. gegen den aufständischen Südwesten seines Reiches unternommen hat. Von den vielen keilschriftlichen Exemplaren der Annalen sind besonders drei zu nennen: a) Der Rassam-Zylinder [1] enthält die ersten drei Feldzüge und ist auf das Jahr 700 v.Chr. datiert, wurde also unmittelbar nach dem Palästinafeldzug geschrieben; sein Text wurde massgebend für die späteren Ausgaben der Annalen. — b) Das Taylor-Prisma [2] ist datiert vom Jahre 691 v.Chr., enthält sechs Feldzüge und ist die Endausgabe der Annalen. — c) Das Chicago-Prisma [3], datiert in das Jahr 689 v.Chr., ist eine noch vollkommenere Abschrift der Endausgabe und stimmt im wesentlichen mit dem Taylor-Prisma überein.

Die Annalen Sennacheribs berichten Tatsachen. Wenn in ihnen ein Irrtum vorliegt, so kann nach S. Smith [4] gezeigt werden, dass er nicht

---

[1] Der Rassam-Zylinder bei Luckenbill, *Annals*, S. 60f.

[2] Das Taylor-Prisma in *KB* II, S. 80-113.

[3] Das Chicago-Prisma bei Luckenbill, *Annals*, S. 23-47; 3. Feldzug S. 29-34 (II,36 – III,49). Bei Borger, *Lesestücke*, S. 68-87; 3. Feldzug S. 73-75. Übersetzung in *TGI*, S. 67-69. In der Umschrift der Annalen Sennacheribs wird das Chicago-Prisma als Haupttext geboten und die Zeileneinteilung des Taylor-Prismas in eckigen Klammern hinzugefügt.

[4] Smith, S. 61.

durch bewusste Fälschung oder völlige Unwissenheit, sondern vor allem aus dem Bestreben nach möglichst grosser Kürze entstanden ist. Es ist aber besonders auf zwei Eigenheiten der Annalen zu achten: A) darauf, dass sie die Einzelereignisse nicht immer in chronologischer Ordnung berichten; — B) darauf, dass die Annalen zur Verherrlichung des Grosskönigs abgefasst sind.

A. Die Annalen erwähnen die Ereignisse nicht immer in genau zeitlicher Reihenfolge, sondern stellen gelegentlich sachlich Zusammengehöriges nebeneinander, indem sie nachholen, was früher geschehen war, und vorausnehmen, was sich zeitlich erst später begeben hat. Das ist ganz deutlich bei dem Bericht über den dritten Feldzug, den Palästinafeldzug Sennacheribs von 701 v.Chr., mit dem wir uns hier vor allem befassen.

1) Sennacherib nennt darin zeitlich richtig die südphönizischen Städte, von Sidon im Norden bis Akko im Süden, die er erobert hat. Dann zählt er die Könige auf, die sich ihm freiwillig unterwarfen und ihm in seinem Hauptquartier auf dem Tyrus gegenüber liegenden Festland huldigten, nämlich die nordphönizischen Städte Arwad und Byblos, sowie die Könige von Ammon, von Moab, von Edom und den König der Philisterstadt Aŝdod.

2) Im Anschluss und im Gegensatz zu diesen willigen Königen erwähnt er zuerst den rebellischen König des weit südlich gelegenen *Aŝqalon*, den er natürlich erst später unterwarf; dann folgen im Bericht das viel nördlicher gelegene Jafa und drei nahe Städte, die dem König von Aŝqalon unterstanden und die Sennacherib eroberte.

3) Wie das leicht eroberte Aŝqalon, dessen König nur deportiert, nicht hingerichtet wurde, im Mittelpunkt des Vorausgehenden stand, so gruppierte sich das Folgende um die wichtige Stadt *Eqron*, die hartnäckig widerstand. Zuerst berichten die Annalen, was dort früher geschehen war: die Einwohner von Eqron hatten ihren assyrientreuen König Padī in Fesseln dem Hiskia von Jerusalem in Gewahrsam gegeben und sich mit Ägypten verbündet. Dann kehrt der Bericht in die Gegenwart zurück. Eqron, das weiter südlich als Jafa und die drei anderen eroberten Städte lag, an der Ostgrenze von Philistäa [5], war das nächste Ziel der Assyrer, aber sie konnten diese Stadt noch nicht angreifen; denn von Süden her, auf der grossen Karawanenstrasse der Küste entlang, kam ein ägyptisches

[5] Eqron lag höchst wahrscheinlich auf dem heutigen *Ḫirbet el-Muqanna'*, das etwa 11 km wnw. von 'Ain Šems und 4 km südlich des Wadi eṣ-Ṣarār liegt. Vgl. Naveh, Aharoni («Northern Boundary», S. 29, Plan S. 27), und Mazar (S. 72f, Plan S. 68). Aharoni, S. 29: «A new thorough examination of the site has brought to light a strong Iron Age city wall, encircling ... the largest city of this period as yet discovered in Palestine. The pottery belongs mostly to Iron Age I-II, with many Philistine sherds».

Hilfsheer angerückt. Die Assyrer zogen ihnen von Nordphilistäa, wo sie eben die vier Städte erobert hatten, entgegen, stiessen mit ihnen zusammen bei *Elteqe*[6], rund 15 km südlich von den vier Städten, besiegten sie und eroberten die Philisterstadt Elteqe. Nun zog das assyrische Heer etwa 20 km nach Südosten, eroberte *Timna*[7] im Wadi eṣ-Ṣarār und marschierte nun gegen das nur etwa 6 km westlich davon gelegenen Eqron. Sennacherib nahm es, bestrafte die Schuldigen grausam und setzte den gewiss erst später aus Jerusalem befreiten Padī wieder auf den Thron von Eqron.

4) Zuletzt wurden, zeitlich im grossen ganzen gewiss richtig, die Städte Judas erobert und Jerusalem belagert. Über den Verlauf der Eroberung Judas sagen die Annalen nichts. Über die Belege von Lakisch und Azeqa siehe unten.

B. Sodann ist darauf zu achten, dass die Annalen zur Verherrlichung Sennacheribs verfasst sind und dass daher mit Übertreibungen zu rechnen ist. Sie geben allerdings offen z.B. zu, dass Sennacherib bei seinem 7. Feldzug nach Elam die infolge von starken Regenfällen angeschwollenen Bergbäche fürchtete und gezwungen wurde, nach Ninive zurückzukehren[8], aber bei dem 3. Feldzug suchen sie, ohne eine Unwahrheit zu sagen,

---

[6] Zur Bestimmung der Lage von *Elteqe* stehen uns sehr wenig Quellen zur Verfügung, fast nur der Bericht über den Palästinafeldzug Sennacheribs. Danach hat das Assyrerheer in Nordphilistäa Jafa und die nahen Städte erobert, als ein ägyptisches Hilfsheer von Süden her, offenbar der Küste entlang, auf der grossen Karawanenstrasse den Assyrern entgegenzog. Sennacherib marschierte ihnen entgegen und stiess bei Elteqe mit ihnen zusammen und besiegte sie. Elteqe muss ziemlich weit nördlich an der Karawanenstrasse gelegen haben, denn in Jos 19,41-46 wird Elteqe im Gebiet des Stammes Dan zusammen mit Bene Berak und mit Gebiet gegen Jafa hin genannt. Mazar schlägt sehr passend vor (S. 72-73), Elteqe zu identifizieren mit dem bedeutenden *Tell eš-Šallāf,* das an der Karawanenstrasse bei dem Dorf el-Qubeibe, 4 km nördlich von Jebna (Jamnia) und etwa 11 km südlich von Bet-Dagon liegt, wo eine Untersuchung zeigte, dass fast alle Scherben der Früh- und Mitteleisenzeit angehören. Die Gleichung wird zustimmend erwähnt von Aharoni, *Land of the Bible,* S. 389, und von Borger in *TGI,* S. 68, Anm. 12.

[7] *Timna* ist sicher nicht gleichzusetzen mit Ḫirbet Tibne, 4 km südöstlich von ʿAin Šems, denn es ist ein typisch römisch-byzantinischer Ort, ohne jede ältere Spur; Tibne ist einer jener alten Namen, die im Lauf der Zeit gewandert sind. Aharoni, «Northern Boundary», S. 28f, setzt wohl richtig Timna gleich mit *Tell el-Baṭāši,* das in fruchtbarer Gegend mitten im Wadi eṣ-Ṣarār (Eisenbahntal) liegt, 7 km nw. von ʿAin-Šems, 5 km von Ḫ. Tibne und nur 6 km östlich von Eqron (Ḫ. el-Muqannaʿ). Timna und Eqron werden unmittelbar nebeneinander genannt in Jos 19,43-44 und in Chicago-Prisma III,6-7. Die Lage von Timna in Tell el-Baṭāši passt ausgezeichnet zur Geschichte von Samson; denn er war gebürtig aus Sorʿā auf einem 357 m hohen Gipfel, der das Wādi eṣ-Ṣarār beherrschte. Von Samson heisst es immer, dass er nach Timna «herabstieg» (Ri 14,1.5.7) und dass Timna reiche Weizenfelder und Ölbaumgärten besass (Ri 15,1). Das Tell el-Baṭāši war ein 125 m langes und breites Viereck, umschlossen von einer deutlich erkennbaren Stadtmauer; die Keramik gehört zumeist zur Eisenzeit I und II, und es scheint wenig Zweifel zu geben, dass die Stadtmauer in der Eisenzeit gebaut wurde. Vgl. Naveh, S. 168f.

[8] Chicago-Prisma V,7-11 (Taylor-Prisma IV,75-78).

den Eindruck zu erwecken, dass Sennacherib Jerusalem erobert habe, oder wenigstens die Tatsache geschickt zu verbergen, dass er die Residenzstadt Hiskias in Wirklichkeit nicht eingenommen hat. Die gewundene Weise, mit der dies angestrebt wird, lässt sich am Text selbst leicht zeigen.

Die Annalen berichten, dass Sennacherib Eqron erobert, ihren (gefangenen) König Padī «aus Jerusalem herausgeholt» und wieder auf den Thron gesetzt hat. Diese vorausnehmende Aussage ist richtig, verschweigt aber, wie Padī in Wirklichkeit aus Jerusalem befreit werden wird. Darum ist die Aussage, wohl bewusst, irreführend, weil der Leser unwillkürlich an seine Befreiung aus dem eroberten Jerusalem denkt, zumal der Bericht unmittelbar fortfährt: «Hiskia von Juda ... 46 seiner festen ummauerten Städte ... belagerte und eroberte ich», wobei er die Belagerungsweisen und die reiche Beute eingehend beschreibt.

Nun kommt er auf Hiskia selbst zu sprechen: «Ihn selbst schloss ich wie einen Käfigvogel in seiner Residenz Jerusalem ein». Nach einer auffallend kurzen Beschreibung der Belagerung Jerusalems vermeidet er, etwas von deren Ausgang zu sagen, sondern berichtet mit wohl berechneter Vorausnahme, dass er die eroberte Städte Hiskias den treuen Philisterkönigen gegeben und Hiskias Land verkleinert habe. Endlich spricht er von dem Schicksal des belagerten Hiskia selbst: «Jenen Hiskia aber warf die Furcht vor dem Glanz meiner Herrschaft nieder». Auch diese Aussage ist doppelsinnig. Sie sagt nicht, wie Hiskia «niedergeworfen» wurde. Es wird nur beigefügt, dass Hiskias Truppen ihren «Dienst verweigerten». Tatsächlich scheint die Furcht vor dem Glanz des Assyrers nicht den Hiskia niedergeworfen, sondern seinen Truppen den Mut genommen zu haben, wodurch Hiskia sich zur Unterwerfung gezwungen sah [9]. Dann wird die grosse Abgabe aufgezählt, die Hiskia zahlte. Der Leser musste all diese Worte fast zwangsmässig von der Übergabe Jerusalems verstehen, besonders nachdem er gelesen hatte, dass Sennacherib den König von Eqron «aus Jerusalem herausgeholt» habe. Der Leser wird leicht übersehen, dass der Fall Jerusalems schwerlich passt zu dem Schluss des Berichtes, wo Sennacherib von der Abgabe Hiskias sagt: «er liess sie in meine Residenzstadt Ninive hinter mir herbringen; um sie zu übergeben und mir zu huldigen, schickte er seinen Gesandten». Hätte Hiskia Jerusalem übergeben, wäre er selbst hinausgegangen und hätte dem Grosskönig persönlich gehuldigt, und die Annalen hätten dies sicher nicht mit Stillschweigen übergangen. Hiskia wäre als eidbrüchiger und hartnäckigster aller Rebellen und als Hauptanführer des Aufstandes nicht um die grausame Strafe gekommen, die in den Annalen jedesmal sorgfältig verzeichnet wird. Jedenfalls hätte ihn Sennacherib nicht auf dem Thron gelassen, wie er es

[9] Siehe unten, S. 67.

tatsächlich getan hat. In der Tat ist dieser Annalenbericht «ein Meisterstück der Tatsachenverschleierung» [10]. Eine Bestätigung, dass Sennacherib Jerusalem nicht eingenommen hat, ist die Tatsache, dass er nicht ein Relief der Einnahme Jerusalems, sondern die bekannte Darstellung der Belagerung und Einnahme der mächtigen judäischen Festung Lakisch, der grausamen Bestrafung seiner Anführer und der Deportation seiner Bewohner herstellen liess [11].

Der wirkliche Verlauf des Palästinafeldzuges Sennacheribs nach den Annalen lässt sich mit guter Wahrscheinlichkeit rekonstruieren. Da die assyrischen Provinzen in Syrien sich ruhig verhielten (vgl. oben S. 2), war Phönizien das erste Ziel Sennacheribs, und zwar Sidon, dessen König dort der Führer des Aufstandes war. Er besiegte die Städte Südphöniziens von Sidon bis nach Akko, schlug sein Hauptquartier auf in Ušū auf dem Festland gegenüber Tyrus, und dorthin brachten ihm die nordphönizischen Könige von Arwad und Byblos, die Könige von Ammon, Moab, Edom und der Philisterkönig von Ašdod ihre schwere Abgabe [12]. Nun zog Sennacherib unbehelligt der Küste entlang durch die Provinz Dor vom Karmel bis zum Fluss Jarkon kurz vor Jafa. Hier beginnt die Philisterebene, und hier musste er den ersten Widerstand der Philister überwinden. Er eroberte Jafa und drei andere nahe Städte, die damals dem König von Ašqalon unterstanden. Da zog ein ägyptisches Hilfsheer heran, offenbar der Küste entlang auf der grossen Karawanenstrasse; Sennacherib ging ihm entgegen und schlug es bei Elteqe. Von dort marschierte er etwa 20 km nach Südosten, eroberte Timna und Eqron. Wohl erst jetzt zog er gegen das etwa 30 km südwestlich von Eqron gelegene Ašqalon. Sein König Ṣidqā muss sich gleich unterworfen haben, als sich das Assyrerheer nahte; denn er wurde nicht hingerichtet, sondern mit seiner ganzen Familie nach Assyrien deportiert, und an seiner Stelle wurde über die Bewohner von Ašqalon ihr früherer, wohl vertriebener König Šarruludari wieder eingesetzt. Die Philisterstadt Gaza, die nur etwa 20 km weiter südlich lag, wird hier nicht erwähnt, aber der Annalenbericht sagt gegen Ende, dass ihr König Ṣilbēl von Sennacherib mit dem Reich Juda abgenommenen Gebieten belohnt wurde. Ihr Schicksal lässt sich nur vermuten. Hiskia von Juda hat Gaza, wohl nach seinem Abfall von 703, erobert [13]. Wahrscheinlich vertrieb er dabei den assurtreuen König Ṣilbēl aus Gaza, der aber dann, als Sennacherib in Philistäa einmarschierte und Hiskia dort allen Einfluss verlor, auf seinen Thron in Gaza zurückkehrte. Jetzt war das ganze Philisterland wieder unterworfen, und Sennacherib konnte sich nun mit seiner ganzen Macht gegen das alleinstehende Juda

---

[10] Schedl, *Geschichte*, S. 265.
[11] Vgl. unten, S. 28, Anm. 44.
[12] S. oben, S. 9.
[13] 2 Kön 18,8; s. oben, S. 8 und Anm. 32.

wenden. Die Annalen sagen nichts über den Verlauf des Feldzuges gegen Juda, sondern geben bloss das Ergebnis der Eroberung des Landes Juda und umständliche Nachrichten über die Belagerung Jerusalems, wie oben S. 18f gezeigt wurde. Wir haben ausserdem nur das beschriftete Flachbild der Eroberung von Lakisch durch Sennacherib [14] und ein Keilschriftbruchstück, das von der Eroberung von Azeqa spricht.

2. Die ʿAzeqa-Inschrift

Diese undatierte Keilschrifttafel besteht aus zwei Bruchstücken, deren Zusammengehörigkeit und zeitliche Ansetzung erst 1974 erkannt wurden [15]. Es sind davon noch 21 mehr oder weniger beschädigte Zeilen erhalten, die von zwei Episoden des Palästinafeldzuges 701 v.Chr. berichten. Um eine annähernde Vorstellung von ihrem Inhalt zu geben, werden hier einzelne Wortgruppen herausgegriffen, deren Zusammenhang entweder fehlt oder ausgelassen wird.

Die erste Episode beschreibt in Z. 3-10 die Eroberung der Stadt Azeqa, einer Grenzfestung Judas [16]. Z. 3: «gegen das Land Ju[da

[14] S. oben, S. 10 und Anm. 44.

[15] Na'aman, 25-39. Seine Übersetzung ist auch abgedruckt bei Aharoni, *Land of the Bible*, S. 391f. Als «Gottesbrief» hat das Dokument eine gehobene Sprache und cliché-artige, übertreibende Beschreibungen.

Die Tontafel besteht 1) aus einem doppelten Bruchstück A (links oben) und B (links unten) und 2) aus einem Bruchstück C, das rechts an A-B anschliesst. Das Bruchstück A-B wurde zuerst 1898 von H. Winckler (*Altorientalische Forschungen*, II, 570) veröffentlicht, aber nur in Umschrift und lange nicht historisch ausgewertet. Erst H. Tadmor hat dieses Doppelfragment mit Photographie, Umschrift und Übersetzung in *JCS* 12 (1958) 80-84 neu veröffentlicht und dem Sargon II. zugeschrieben. Das Bruchstück C wurde zuerst 1870 von G. Smith III R 9,2 in Keilschrift veröffentlicht, dann 1893 von P. Rost, *Die Keilinschriften Tiglat-Pilesers III.*, S. 18-20. 103-119, der es dem Tiglat-Pileser zuschrieb und mit der Episode des Azriau, Königs von Jaudi betrachtet.

Erst Na'aman erkannte, dass das Doppelfragment A-B zum Fragment C (K 6205) gehört, und veröffentlichte das Ganze mit Photographie, Umschrift und Übersetzung 1974; auch legte er gute Gründe dafür vor, dass das Dokument nicht von Sargon II., sondern von Sennacherib stammt. Wildberger, S. 753, kannte die Ergänzung von Na'aman nicht, sondern nur die Veröffentlichung von Tadmor und schreibt deshalb das Dokument (A-B) noch dem Sargon II. zu. — Auf dem Bruchstück A-B finden sich die Namen «Azeqa» (Zeile 5) und «Philistäa» (Zeile 11), dagegen der Name «Juda» auf dem Bruchstück C (Zeile 4).

[Anmerkung des Herausgebers: E. Vogt folgt in seiner Interpretation der Bearbeitung A. Na'amans. Nicht berücksichtigt sind die Kollationsergebnisse von R. Borger, die dieser in seinem Buch *Babylonisch-assyrische Lesestücke*² (AnOr 54; Rom 1979) S. 134f veröffentlicht hat. Danach ist die Ergänzung des Königsnamens in Z. 11 (und infolgedessen auch in Z. 4) als wenig wahrscheinlich zu betrachten; von einer Eroberung Gaths durch Hiskia kann man also auf Grund *dieses* Textes schwerlich sprechen.]

[16] Die biblische Festung ʿAzeqa, das heutige Tell Zakarīye liegt 7 km sw. von ʿAin Šems, 13 km sö. von Eqron (siehe oben, S. 17, Anm. 5), auf einem hohen Hügel (320 m ü.M.), gerade halbwegs zwischen Ašdod und Bethlehem, in Sichtweite der bedeutenden Grenzfestung Lakisch, am Westende des Terebinthentales, durch das der Weg aus dem

marschierte ich]». Z. 4: «... die Provinz [des *Ḫa-za-qi-j*]*a-a-u* vom Land *Ja-u-da-a-a* ...». Z. 5: «... die Stadt *A-za-qa-a*, seine Festung, die zwischen meiner [Gren]ze und dem Land *Ja-u-di* ist ...». Die Z. 6-7 beschreiben die schwierige Lage der Stadt und die riesig hohen [Stadtmauern], und die Z. 8-9 die Bestürmung der Stadt. Z. 10: «[die Stadt Azeqa] eroberte, plünderte, zerstörte, verwüstete ich ...».

Die zweite Episode berichtet in Z. 11-20 die Eroberung einer philistäischen Königsstadt, die in den Händen Judas war. Z. 11: «[die Stadt Gath?], eine Königs[stadt] der Philister (*ša māt Pi-liš-ta-a-a*), die [*Ḫa*]-[*za-qi-j*]*a-a-u* weggenommen hatte, befestigten sie und ...». Z. 12 scheint die Stadt zu beschreiben «wie einen Baum», wohl von ferne gesehen. V.13: «... umgeben von grossen [Tür]men, und äusserst schwierig ...». V.14 spricht von einem «Palast» und V.15 scheint einen dunklen Wassertunnel zu beschreiben, wie er in Palästina üblich war für die Wasserversorgung bei Belagerungen. V.16 ist kaum verständlich. V.17 sagt von Hiskia: «... er brachte kampfgeübte [Krieger] in sie hinein, ihre Waffen ...». In Z. 18-20 berichtet Sennacherib, wie er die Stadt belagert, eingenommen und geplündert hat.

Wir kennen die anderen Episoden nicht, die vielleicht in der Inschrift ebenfalls berichtet wurden, und können darum nicht feststellen, ob die zwei Episoden in chronologischer Ordnung nebeneinander stehen. Auch sind über ihre zeitliche Einordnung in den Feldzug Sennacheribs gegen die Philister nur Vermutungen möglich. Wie der Grosskönig die Stadt Timna möglicherweise deswegen v o r Eqron eroberte, um sich beim Angriff auf Eqron den Rücken gegen einen Angriff des unversehrten Heeres von Juda durch das Wadi es-Saray zu decken, so hat er nach Einnahme Eqrons vielleicht eine Heeresabteilung gegen das nahe Azeqa geschickt, um Zuzug judäischer Hilfe durch das Terebinthental zu verhindern [17], während er selbst nach Ašqalon zog.

In Z. 4 und Z. 11 kann im Zusammenhang nur Hiskia, der König von Juda genannt gewesen sein. Sehr interessant ist die Aussage in Z. 11, dass Hiskia eine philistäische Königsstadt erobert hatte. Der Herausgeber hat gewiss richtig den Namen Gath ergänzt, denn neben den in den Annalen genannten Gaza, Ašqalon, Ašdod und Eqron war nur Gath eine der fünf philistäischen Königsstädte, die aber irgendwie herabgekommen sein muss. Um 712 unterstand sie der Königsstadt Ašdod und wurde damals von Sargon zerstört [18]. Vielleicht nennt Am 6,2 Gath darum als Beispiel eines herabgesunkenen Stadtstaates. Wir wissen, dass Eqron im

---

Gebirge Juda in die Philisterebene führt. ʿAzeqa spielte zusammen mit Lakisch auch um 588 v.Chr. eine Rolle, wie das Lakisch-Ostrakon 4 zeigt (siehe *ANET*, S. 322, und *TGI*, S. 77).

[17] Vgl. die Bemerkung des Übersetzers in Aharoni, *Land of the Bible*, S. 392.

[18] Vgl. unten, S. 30.

NO und Gath im SO der Philisterebene lag, kennen aber die genaue Lage von Gath nicht, obwohl viele Vorschläge gemacht worden sind. Da in jener Gegend kein anderer passender Tell liegt [19], kommt noch am ehesten in Frage die Gleichsetzung von *Gath* mit dem bedeutenden *Telleṣ-Ṣāfiye*, der 8 km w. von Azeqa, 9 km s. von Eqron und 10 km ö. von Ašdod auf einem hohen Hügel lag und den Ausgang des Terebinthentales beherrschte. Ausgrabungen zeigten eine gut befestigte Stadt der Eisenzeit mit viel Philisterkeramik [20].

Die durch der Azeqa-Inschrift bezeugte Eroberung von Gath durch Hiskia könnte sehr gut passen zu dem Krieg Hiskias von 2 Kön 18,8 gegen den assurtreuen König von Gaza [21]: Hiskia «schlug die Philister bis nach Gaza hin», denn Gath unterstand schon um 712 v.Chr.[22] dem ebenfalls assurtreuen König von Ašdod [23], und der Weg von Jerusalem führte durch das Terebinthental nach Gath (Tell eṣ-Ṣāfiye) und von da weiter bis Gaza [24].

3. Die Lakisch-Inschrift

Sennacherib hat in seinem Palast in Ninive ein beschriftetes Flachbild von seiner Einnahme der judäischen Festung Lakisch (*La-ki-su*) aufgestellt. Sie bestätigt die Nachricht von 2 Kön 18,14, die nahelegt, dass die Belagerung von Lakisch gegen Ende des Feldzuges gegen Juda erfolgte. Bemerkenswert ist, dass Sennacherib die Einnahme von Lakisch verewigte und nicht die der Königsstadt Jerusalem, eben weil er sie nicht erobert hat. Die kurze Inschrift findet sich in AOT S. 354 und in ANET S. 288b. Die genaueste und anschaulichste Abbildung findet sich bei Y. Yadin, The Art of Warfare in Biblical Lands, Bd. 2 (1963), S. 428-437. Es sind darauf die Mittel zur Eroberung einer Stadt zu erkennen, die in den Annalen bei der Eroberung der judäischen Festungen genannt werden.

---

[19] Die beliebte Ansetzung von Gath auf dem Tell neben dem verlassenen Araberdorf ʿArāq el-Mensīye, 10 km w. von Bēt-Ǧibrīn, auf der Karte des Survey of Israel von 1961 als «Tel Gat» bezeichnet.

[20] Vgl. Aharoni, *Land of the Bible*, 271, and Na'aman, S. 35, Anm. 46.

[21] Vgl. Chicago-Prisma, III,33-34. Siehe oben, S. 8 und S. 20.

[22] Vgl. unten, S. 29.

[23] Vgl. Chicago-Prisma, II,54 und III,32.

[24] Wenn die Meinung richtig ist, dass die vierflügeligen *lmlk*-Siegelabdrücke nur in der Zeit Hiskias üblich waren, dann sind diese in Tell eṣ-Ṣāfiye gefundenen Siegelabdrücke ein direkter Beweis, dass «Gath» damals in judäische Verwaltung genommen wurde. Vgl. Aharoni, *Land of the Bible*, S. 392, 396-398, und Na'aman, S. 35, Anm. 46.

II. Die Quellen des Alten Testaments

1. Der Kurzbericht 2 Kön 18,13-16

Der Text dieses Berichtes, der sich von der folgenden erbaulichen Erzählung scharf unterscheidet, lautet:

> «[13]Im 14. Jahre des Königs Hiskia zog Sennacherib, der König von Assyrien, gegen alle festen Städte Judas und nahm sie ein[25]. [14]Da sandte Hiskia, der König von Juda, (Boten) nach Lakisch an den König von Assyrien und liess ihm sagen: 'Ich habe Unrecht getan. Ziehe von mir ab (*šūb mēʿālai*)! Was du mir auferlegst, werde ich tragen'. Da legte der König von Assyrien dem Hiskia, dem König von Juda, eine Abgabe von dreihundert Talenten Silber und von dreissig Talenten Gold auf. [15]Und Hiskia gab alles Silber hin, das sich im Tempel Jahwes und in den Schatzkammern des königlichen Palastes vorfand. [16]Zu jener Zeit liess Hiskia von den Türen am Tempel Jahwes und an den Pfeilern, die Hiskia[26], der König von Juda, hatte überziehen lassen, (das Gold) loslösen und gab es dem König von Assyrien.»

Dieser Bericht ist «annalistisch knapp»[27] und fast grausam nüchtern. Er ist vielleicht ein Ausschnitt oder ein Auszug aus den «Annalen der Könige von Juda», auf die in 2 Kön 20,20 und anderswo ausdrücklich verwiesen wird[28]. Es ist allgemein anerkannt, dass dieser Bericht «eine Quelle erster Ordnung und in seiner ganzen Schonungslosigkeit unbedingt glaubwürdig» ist[29]. Aber dieser Ausschnitt aus den Annalen ist offenbar verkürzt, denn er sagt nichts von der Belagerung und Befreiung Jerusalems, die gewiss in den Annalen der König von Juda erwähnt waren: «da aber der Verfasser des Königsbuches die Absicht hatte, im folgenden

---

[25] Die Bezeichnung «die Städte Judas» schliesst, streng genommen, Jerusalem nicht ein, denn Jerusalem wird oft ausdrücklich von Juda unterschieden. Jerusalem gehörte nämlich nicht zum Stammgebiet Judas, sondern war Krongut des Hauses David, denn David hat Jerusalem persönlich erobert und «Stadt Davids» genannt.

[26] Der Text nennt zwar den Namen *Ḥzqyh*, der aber offenbar aus Versehen an die Stelle des Namens eines früheren Königs, z.B. *ʿzryh* geraten sein muss.

[27] Alt, *Israel und Ägypten*, S. 77.

[28] Van Leeuwen, «Sanhérib devant Jérusalem», S. 248: «Le récit ... provient probablement des annales des rois de Juda, ou bien des archives du temple de Jérusalem». Vgl. auch Rehm, S. 183: «Die Art der Darstellung kennzeichnet den Abschnitt als Auszug aus einer Quelle, die in annalistischer Weise über das Geschehen berichtet. Sie konnte das Werk eines Zeitgenossen sein, der das Geschehen miterlebte». Der Urheber der Kurzfassung der Bibel «wollte offensichtlich in diesen Sätzen den in einem profanen Geschichtswerk vorgefundenen Stoff vorwegnehmen, um anschliessend zusammenhängend aus anderen Quellen berichten zu können».

[29] Rudolph, S. 69.

über diese Ereignisse eine andere Quelle ausgiebig zu Wort kommen zu lassen, konnte er hier auf eine Wiedergabe der wohl sehr viel kürzeren Annalennotiz verzichten»[30].

Jedoch gerade weil dieser Kurzbericht geschichtlich so zuverlässig ist, erregt sein Beginn in 18,13 besonderen Anstoss, da hier der Einfall Sennacheribs in Juda «im 14. Jahr des Königs Hiskia» angesetzt wird. Da der Palästinafeldzug Sennacheribs nach den assyrischen Quellen sicher in das Jahr 701 v.Chr. fiel, wäre nach 18,13 der Tod des Achaz und die Thronbesteigung Hiskias etwa im Jahr 715 oder 714 erfolgt. Dies widerspricht aber sowohl der Angabe von 2 Kön 18,9, wonach das 4. Jahr Hiskias mit dem 7. Jahr Hoseas gleichzeitig war, als auch der Angabe von 18,10, wonach der Fall der Stadt Samaria, die im Jahr 722 von Salmanassar V. erobert wurde[31], sich im 9. Jahr Hoseas und im 6. Jahr Hiskias ereignet hat. Es ist also unmöglich, dass Hiskia erst um 715 oder 714 seinem Vater Achaz als König nachfolgte. Nach der hier angenommenen Chronologie[32] starb Achaz vielmehr viel früher, nämlich im Jahr 728-727, was bestätigt wird durch Jes 14,28; denn hier wird das Prophetenwort 14,29-32, das doch wohl über den Tod Tiglat-Pilesers III. (727) und seinen Sohn und Nachfolger Salmanassar V. spricht, in das «Todesjahr des Königs Achaz» gelegt[33].

Es wird darum die Angabe des 14. Jahres Hiskias in 2 Kön 18,13 (= Jes 36,1) allgemein für unrichtig gehalten. Einige Autoren betrachten die Jahresangabe als Textfehler und emendieren sie auf verschiedene Weise[34]. Andere betrachten diese Datierung als jungen Zusatz, etwa des Redaktors des Königsbuches (so Wildberger S. 1393). Beliebt ist die Annahme, dass die Zahl «14» von 2 Kön 18,13 künstlich errechnet sei mit Hilfe der Prophetenerzählung 2 Kön 20,5 (= Jes 38,5), wo der Prophet dem todkranken Hiskia das Gotteswort verkündet: «Ich werde zu deinen Lebenstagen noch 15 Jahre hinzufügen». Da Hiskia 29 Jahre lang König war (18,2), habe sich nach Abzug von 15 von den 29 Jahren die Zahl von 14 Jahren ergeben. Doch stimmt diese Überlegung schwerlich, denn das 14. Jahr von 18,13 bezieht sich ausdrücklich auf den Einfall Sennacheribs

---

[30] Die Auslassung der Belagerung Jerusalems könnte allerdings zu dem Missverständnis führen, «dass weniger die Einschliessung der Hauptstadt als vielmehr der Verlust des ganzen Landes den König zu seinem Unterwerfungsangebot trieb» (Rudolph, S. 70, Anm. 2). Doch lassen die Annalen Sennacheribs den wirklichen Grund deutlich erkennen. Vgl. unten, S. 68.

[31] Tadmor, «Philistia under Assyrian Rule», S. 91.

[32] Diese Chronologie der Könige wurde in *Bib* 45 (1964) 321-347 begründet und von M. Rehm, S. 271-273, leicht verbessert (siehe ebd. S. 155, 159, 177f). Vgl. dazu Wildberger, S. 3f und S. 1394.

[33] Siehe Wildberger, S. 3 und S. 1394; Childs, S. 60; Tadmor, «Philistia under Assyrian Rule», S. 90; Kaiser, *Jesaja. Kapitel 13-39,* S. 44.

[34] Vgl. Wildberger, S. 1380 zu Jes 36,1.

in Juda, während die 15 Jahre von 20,5 sich ebenso audrücklich auf die Krankheit Hiskias beziehen. Diese Unstimmigkeit wird nicht gelöst durch die Behauptung von M. Rehm: «es lag nahe, die Weissagung in das Jahr der Bedrohung Jerusalems zu datieren»[35]; ebensowenig überzeugt die ganz ähnliche Bemerkung von H. Wildberger: «Die Zahl beruht also auf der sekundären zeitlichen Verknüpfung der Krankheit des Königs mit den Ereignissen um 701»[36]. Gewiss wurde die Krankheit Hiskias mit diesen Ereignissen erst redaktionell verknüpft durch die Formel «in jenen Tagen» in 2 Kön 20,1 (Jes 38,1) sowie durch den jungen Zusatz 2 Kön 20,5b (Jes 38,6aβ.b)[37], aber nicht durch die Jahreszahl von 2 Kön 18,3; denn in dem wertvollen Dokument 2 Kön 18,13-16 scheint die Jahresangabe durchaus richtig zu sein, aber auf einer anderen Zählweise zu beruhen als etwa die chronologischen Angaben von 2 Kön 18,1f.9f, nämlich nicht von dem Jahr an zu zählen, in dem Hiskia im Alter von '5' Jahren König wurde (18,2), sondern vielleicht von dem Jahr an, als Hiskia zu regieren begann im Alter von etwa 19 Jahren, also vom Jahr 714 = 1. Jahr zu sprechen, so dass 701 = 14. Jahr war. Auch sonst kommen in den Königsbüchern Fälle vor, in denen die Königsjahre verschieden gezählt werden. Dafür zwei Beispiele.

Erstes Beispiel. Nach 2 Kön 8,25 wurde Achazja, der Sohn des Joram von Juda, König von Juda im 12. Jahr des Joram von Israel (841 v.Chr.); hingegen wurde er nach 2 Kön 9,29 bereits im 11. Jahr des Joram von Israel (840) König über Juda. Der Grund der Verschiedenheit scheint darin zu liegen, dass 8,25 das Jahr nennt, in dem der schwer kranke Joram von Juda starb und sein Sohn Achazja allein König wurde, während 9,29 das Jahr angibt, in dem Joram von Juda unheilbar erkrankt war und sein Sohn Achazja für ihn König, d.h. Regent geworden ist[38]. Die Aussage von 9,29 ergänzt jene von 8,25.

Zweites Beispiel. Amasja von Juda wurde im 2. Jahr des Joaš von Israel (796) König von Juda (14,1). Als er leichtsinnig einen Krieg unternahm, der unglücklich ausging (14,8-14), machte das Volk von Juda den Azarja, den Sohn Amasjas, zum «König» anstelle seines Vaters (14,21). Das muss im 5. Jahr Amasjas nach seinem Antrittsjahr (d.h. im Jahr 791) geschehen sein[39]. Amasja wurde ganz kalt gestellt, doch wurden die Jahre noch weiter nach ihm gezählt; vg. 14,23: 15. Jahr Amasjas; 14,2:

---

[35] Rehm, S. 186, zu 2 Kön 20,5.

[36] Wildberger, S. 1394 zu Jes 38,1.

[37] Vgl. Eichrodt, S. 261 und S. 264, Anm. 1.

[38] Von der Krankheit Jorams von Juda spricht ausdrücklich 2 Chron 21,15.18-19a: «[18] Nach all dem schlug ihn Jahwe mit einer unheilbaren Krankheit an seinen Eingeweiden. [19a] Sie dauerte zwei Jahre und gegen Ende des zweiten Jahres traten ihm infolge der Krankheit die Eingeweide aus, sodass er unter furchtbaren Schmerzen starb». Vgl. Gesenius–Buhl s.v. *yōm* Pl. n. 3.

[39] Dieses Jahr wird in 2 Kön nicht genannt, ergibt sich aber eindeutig aus der Gesamtzahl 29 seiner Regierungszeit in 14,2.

29. Jahr Amasjas. Er lebte noch 15 Jahre nach dem Tod des Joaš von Israel (14,17). Als er in Jerusalem eine Verschwörung anstiftete, wurde er ermordet (14,19) im Jahr 767 in seinem 29. Jahr (14,2).

Mit dem Tod Amasjas wurde Azarja, der 24 Jahre lang Regent gewesen war, im 27. Jahr Jeroboams von Israel (767) «König» (Alleinherrscher) von Juda (15,1). Von nun an werden die Jahre nach Azarja gezählt, aber mit Einschluss der 25 Jahre seiner Regentenzeit; vgl. 15,8: 38. Jahr Azarjas (753) und 15,13.17: 39. Jahr Azarjas (752). Später wurde Azarja aussätzig (15,5a), was in seinem 42. Jahr (749) geschehen sein muss[40], und sein Sohn Jotam wurde Regent von Juda (15,5b).

Obwohl der aussätzige Azarja in den zehn letzten Jahren seines Lebens nicht mehr regierte, war er offiziell noch König, und deshalb wurden auch jetzt noch die Jahre nach ihm gezählt; vgl. 15,23: 50. Jahr Azarjas (741) und 15,2: 52. Jahr Azarjas (739). Erst mit dem Tod Azarjas (739) wurde sein Sohn Jotam «König» (15,32), aber in der Gesamtsumme seiner Regierungszeit (15,33: Jotam war 16 Jahre «König») wurden sowohl die zehn Jahre seiner Regentschaft als auch die sechs Jahre seiner Alleinherrschaft, also seiner eigentlichen Königszeit mitgezählt. Jotam starb 734/3. Also in der Zeit 791-733 wurden sowohl die 24 Jahre der Regentschaft Azarjas anstelle seines Vaters Amasja, als auch die 10 Jahre der Regentschaft Jotams anstelle seines Vaters Azarja je zweimal als Königsjahre gerechnet.

Da also in 2 Kön verschiedene Weisen vorkommen, die Königsjahre zu zählen, ist es nicht ausgeschlossen, dass in der Sonderquelle 18,13-16 das «14. Jahr des Königs Hiskia» in V.13 auf eigene Weise gezählt war, und zwar nach dem Jahr, in dem Hiskia die Regierungsgewalt übernahm. Tatsächlich führt dieser Versuch zu annehmbaren Ergebnissen. Da der Einfall Sennacheribs von 701 in dieser Voraussetzung sich im 14. Jahr Hiskias ereignete, so fiel sein 1. Jahr auf 715/4. Da in der hier angenommenen Chronologie Hiskia beim Tod seines Vaters Achaz (728/7) im Alter von '5' Jahren stand (18,2), so war er 715/4 etwa 19 Jahre alt, also alt genug, um in jener schwierigen Zeit die Zügel der Regierung in die Hände zu nehmen. Dafür, dass dies geschah, spricht die Tatsache, dass gerade um 714 die Politik Judas gegenüber Assur sich änderte[41] und Neigung zum Widerstand gegen den assyrischen Oberherrn zu zeigen begann. Dies weist deutlich auf einen Wechsel in der politischen Leitung des Reiches Juda hin und wird gut verständlich, wenn nun Hiskia die Politik zu bestimmen begann.

---

[40] Dieses Jahr ist in 2 Kön nicht angegeben, folgt aber aus 15,32, wonach Jotam von Juda im 2. Jahr des Peqach von Israel König wurde.

[41] Diese Zeit «bildet einen Wendepunkt in der jüdischen Geschichte», hier erfolgte «ein Kurswechsel in der Jerusalemer Politik», Schedl, «Textkritische Bemerkungen», S. 114.

1. Judas Politik *vor 715/14*. Seit Achaz, der Vater Hiskias, sich Tiglat-Pileser III. unterworfen hatte, blieb er Assur treu. Als Achaz starb, hielt, wer auch immer anstelle des unmündigen Königs Hiskia das Land regierte, an dem Assur geschworenen Treueid fest und widerstand allen Versuchungen zu einem Aufstand. a) Schon gleich beim Tod Tiglat-Pilesers (727) warnte Jesaja in 14,29-32 mit Erfolg vor den Lockungen der Philister, während Hosea von Israel sich um diese Zeit empörte und von Salmanassar V., dem Sohn und Nachfolger Tiglat-Pilesers, wieder zur Zahlung seiner Vasallenabgabe gezwungen wurde (2 Kön 17,3). — b) Auch als Hosea sich im Jahr 724/3 wider Assyrien auflehnte, hielt sich Juda ruhig, während Salmanassar den Hosea überraschte, gefangen nahm und die Hauptstadt Samaria zu belagern begann (2 Kön 18,9). Im Jahr 722[42] eroberte und zerstörte er sie[43], starb aber im Winter 722, bevor er den Sieg ausnützen konnte. Wohl auf die Nachricht hin, dass Sargon II. sich des Thrones bemächtigt hatte[44], räumte die assyrische Armee sehr wahrscheinlich die Stadt Samaria und eilte nach Hause[45]. — c) So konnten sich «die Leute der Stadt Samaria»[46] der ausgedehnten antiassyrischen Liga anschliessen, die Ilubi'di, der König von Hamath am mittleren Orontes anstiftete[47], die im Norden bis Arpad reichte, die phönizische Stadt Ṣimirra am Nordende des Libanon, Damaskus und die Stadt Samaria umfasste und an der sich auch Hanun, der König von Gaza, unterstützt von einem Pharao des Nildeltas, beteiligte[48]. Aber die Verbündeten wurden im gleichen Jahr bei Qarqar am Orontes von Sargon blutig geschlagen, der dann noch im gleichen Jahr 720 siegreich gegen Gaza zog und schliesslich die Stadt Samaria (ohne Belagerung) und den ganzen Rumpfstaat Israel besetzte und plünderte[49], Tausende in

---

[42] Nach Tadmor, «Campaigns of Sargon II», S. 37: «sometime in the late summer or in the early autumn 722».

[43] Babylonische Chronik B, Kol. I, Z. 28: Salmanassar «zerstörte die Stadt *šá-ma/ba-ra-'i-in*». Darüber Tadmor, «Campaigns of Sargon II», S. 39-40.

[44] Babylonische Chronik B, Kol. I, Z. 31: «Am 22. Ṭebet bestieg Sargon in Assyrien den Thron». Tadmor, «Philistia under Assyrian Rule», S. 91: «at the end of 722 or the very beginning of 721».

[45] Siehe Tadmor, «Campaigns of Sargon II», S. 37, und «Philistia under Assyrian Rule», S. 91.

[46] Nimrud-Prisma, Fragment D, Kol. IV, Z. 25. Umschrift und Übersetzung bei Tadmor, «Campaigns of Sargon II», S. 34. Es ist bemerkenswert, dass Hošea von Israel nicht genannt wird; ebenda, Anm. 110.

[47] Vgl. *ANET*, S. 285a und b.

[48] Die grosse Prunkinschrift Sargons. Umschrift und Übersetzung bei Winckler, *Keilschrifttexte Sargons*, I, S. 102f; auch bei Peiser, S. 56f. Sie nennt auf Z. 33 ausser dem «Land Hamat» auch «die Städte Arpad, Ṣimirra, Damaskus und Samaria». Hier übersetzt Oppenheim, S. 285b, anstelle von Arpad die Namen der phönizischen Inselstadt «Arvad». Ist dies Absicht oder Versehen?

[49] Die Inschrift Sargons im Saal XIV von Khorsabad ist eine Prunkinschrift und gehört nicht zu den Annalen. Umschrift und Übersetzung bei Winckler, *Keilschrifttexte*

Verbannung schleppte und die assyrische Provinz Samaria errichtete. Bei all diesen katastrophalen Ereignissen wird das Reich Juda nie genannt, hatte also darunter nicht zu leiden, ausser dass es die übliche Abgabe an Assur zu zahlen hatte.

2. Judas Politik *nach 715/14*. Um diese Zeit änderte sich, wie gesagt, die Politik Judas gegenüber Assyrien, gerade als Hiskia die Regierung übernommen zu haben scheint. Hiskia ertrug die assyrische Vorherrschaft schwer, auch aus religiösen Gründen[50]. Dazu kam, dass der junge Herrscher sich geschmeichelt fühlte, als mächtige Gegner Assurs um seine Gunst und Mitwirkung warben. Schon im Jahr 714/13, als Hiskia 15 Jahre vor seinem Tod von einer schweren Krankheit geheilt worden war[51], schickte Merodach-Baladan, der mächtige König von Babel und zähe Feind Assurs[52], Gesandte nach Jerusalem unter dem Vorwand, Hiskia zur Heilung zu beglückwünschen, in Wirklichkeit aber, um ihn zum Aufstand gegen Assur aufzuhetzen. Hiskia war offenbar geneigt und, da Juda während der langen Friedenszeit seine Kassen gefüllt hatte, zeigte er den Gesandten stolz sein ganzen Zeughaus und seine Schatzkammern, doch wohl um zu beweisen, dass er zum Widerstand gegen Assur gerüstet sei. Als Jesaja ihm darauf Gottes Strafe androhte, bewegte ihn diese nicht, und er verriet nichts weniger als Reue[53].

Tatsächlich scheint Hiskia sich bereits um 713 in den Aufstand des philistäischen Stadtstaates Ašdod verwickelt zu haben. Über diesen Aufstand sind wir ziemlich gut unterrichtet durch Sargons Annalen[54] und seine grosse Prunkinschrift[55], die beide im wesentlichen, oft sogar wörtlich miteinander übereinstimmen. Sie berichten von zwei Phasen des Aufstandes. Zuerst traf Azuri, der König von Ašdod, Massnahmen, um die jährliche Abgabe an Assur zu verweigern, und sandte (*išpur*) gehässige

---

Sargons, I, S. 82f, Z. 15; auch bei Weissbach, S. 178f. Übersetzungen bei Luckenbill in *Ancient Records,* II, § 79f; bei Ebeling in *AOT,* S. 352, bei Oppenheim in *ANET,* S. 285a.

[50] Vgl. oben, S. 3ff.

[51] So die Prophetenerzählung 2 Kön 20,1-9 und Jes 38–39.

[52] Über Merodach-Baladan siehe oben, S. 2 und Anm. 6.

[53] Mehrere Erklärer legen in diese Zeit das Ereignis von Jes 18,1-7, das in Jerusalem grosses Aufsehen erregte, als unerwartet fremdartige und hochgewachsene Gestalten, Gesandte aus Kusch (Nubien) am Nil südlich von Ägyten erschienen, als Repräsentanten ihrer Dynastie, die um 715 ganz Ägypten erobert hatte und so Nachbarn des assyrischen Reiches geworden war. Die Gesandtschaft muss das Ansehen Hiskias gesteigert und ihn in seiner antiassyrischen Haltung bestärkt haben. Jedenfalls sah sich Jesaja veranlasst, vor ihren Lockungen zu warnen und zur Geduld zu mahnen, bis die Stunde Gottes gekommen sei.

[54] Annalen Sargons aus Khorsabad. Umschrift und Übersetzung von Winckler, *Keilschrifttexte Sargons,* S. 36-39, Z. 215-228; Lie, S. 38-41, Z. 249-262 (über den Aufstand von Ašdod). Übersetzung auch bei Luckenbill, *Ancient Records,* II, § 30, und in *ANET,* S. 286a von Oppenheim.

Worte über Assur an die Könige seiner Umgebung; darum setzte ihn Sargon ab und ernannte dessen Bruder Aḫimiti zum König. Nach Tadmor [56] geschah dies im Jahr 713. Da Sargon in diesem Jahr zu Hause blieb, sandte er offenbar Truppen unter einem General nach Ašdod; doch wird dieser Feldzug, wohl als unbedeutend, in den Inschriften nicht erwähnt.

Das Hauptereignis sollte bald folgen. Die Herrschaft des Aḫimiti war sehr kurz, denn die Bewohner von Ašdod, verächtlich «Hethiter» genannt, setzten einen Mann namens Jamani [57] auf den Thron. Doch schickte Sargon den Oberkommandanten seines Heeres gegen Ašdod. Jamani floh und die Assyrer eroberten Ašdod, Gath und Ašdodimmu, plünderten sie und machten den Stadtstaat zu einer assyrischen Provinz. Nach Tadmor geschah dies im Jahre 712.

Über eine Beteiligung Judas an dem Aufstand Ašdods sagen uns die beiden genannten assyrischen Dokumente nichts. Es ist möglich, dass Hiskia einer der Königs der Umgebung Azuris war, an die Azuri Worte gegen Assyrien schickte (*išpur*). Aber dies ist bloss eine Möglichkeit. Doch gibt es ein Prismafragment aus Ninive, in dem ausdrücklich gesagt wird, dass das rebellische Ašdod sich ausser an andere Könige auch an «Juda» gewandt hat. Dieses Prismafragment ist zu den beiden angeführten assyrischen Dokumenten parallel, bietet aber an einigen Stellen einen ausführlicheren Bericht über den Feldzug gegen Ašdod [58]. Es fragt sich nun, ob daraus entnommen werden könne, wie es zuweilen geschieht, dass Hiskia sich dem Aufstand angeschlossen hat. Um darauf antworten zu können, muss dieser Text, der etwa 49 Zeilen enthält, genauer untersucht werden, besonders die Zeilen 25′-33′, die uns hier besonders angehen.

> In den sehr lückenhaft erhaltenen Zeilen 1′-25′ sagt Sargon: Ich habe Azuri, den König von «Ašdod», abgesetzt und Aḫimiti, seinen Bruder, über sie gesetzt. Aber jene «bösen» [Hethiter] «vertrieben ihn» und «setzten Jamani, einen gemeinen Mann, als König über sich». «Ihre Stadt» umga-

---

[55] Grosse Prunkinschrift Sargons aus Khorsabad. Umschrift und Übersetzung von Winckler, *Keilschrifttexte Sargons*, S. 114-117, Z. 90-112; F. E. Peiser in *KB* II, S. 64-67, Z. 90-112. Übersetzung auch bei Luckenbill, *Ancient Records*, II, § 62f; von Borger in Galling, S. 63f.

[56] Vgl. Tadmor, «Campaigns of Sargon II», S. 22-40.77-100. Seine Rekonstruktion des Aufstandes von Ašdod auf S. 79-80. Die Bemerkung zu diesem Jahr: «der König (blieb) im Lande» findet sich auf der Tafel von S. 86.

[57] Tadmor, ebenda, S. 80, Anm. 217: *Iamani* war wohl ein Palästiner, nicht ein Grieche (*iamanâ*).

[58] Es handelt sich um das Prisma A, Fragment D, Zeilen 1-49. Umschrift und Übersetzung von Winckler, *Keilschrifttexte Sargons*, I, S. 186-189. Übersetzung von Ebeling in *AOT*, S. 350f; von Luckenbill, *Ancient Records*, II, § 193-195; von Oppenheim in *ANET*, S. 287a; Umschrift und Übersetzung der Z. 28-40 von Peiser in *KB* II, Anm. auf S. 64f.

ben sie mit einem tiefen «Graben» (wohl als Vorbereitung auf den zu erwartenden assyrischen Angriff).

[25'] ⌈*a-na* x[.....] [26'] *ša māt Pi-liš-te māt Ia-ú-di māt Ú-d*[*u-mu* ...] [27'] *māt Ma-a-bi a-ši-bu-ut tam-tim na-áš bil*[*-ti* ...] [28'] *ta-mar-ti ša* ^{d}*A-šur*$_{4}$ *be-lí-i*[*a* ...] [29'] *da-bab sa-ar-ra-a-te at!-me-e nu-ul!-la-a-te* [30'] *ša it-ti-ia a-na šum-ku-ri eli* ^{I}*Pi-ir-'-u* [31'] *šar māt Mu-uṣ-ri mal-ku la mu-še-zi-bi-šú-nu* [32'] *šul-man-na-šú-nu iš-šu-ú-ma e-ter-ri-šu-uš* [33'] *ki-it-ra*

Zu [...] [26'] von Philistäa, Juda, Edom [...] [27'] Moab, die am Meere wohnen und Tribut [...] [28'] und Besuchsgeschenke [27'] liefern mussten [28'] für Assur, meinen Herrn, [*sprachen*] [29'] lügnerische Rede und niederträchtige Sprache, [30'] um (ihn) mit mir zu verfeinden, [32'] und sandten [30'] Pharao, [31'] dem König von Ägypten, einem Fürsten, der sie nicht retten konnte, [32'] ihr Ergebenheitsgeschenk und baten ihn um [33'] ein Bündnis. (Übersetzung R. Borger, in: O. Kaiser [Hg.], Texte aus der *Umwelt des Alten Testaments*, I/4 [Gütersloh 1984] S. 381.)

Das Subjekt dieses Satzes fehlt. Es muss ein Plural sein, denn die Verba finita in V.32' stehen im Plural. Wer sind sie? Es handelt sich wahrscheinlich um die Leute von Ašdod, die den Jamani auf den Thron erhoben hatten. In unserer Inschrift wird mehrmals auf sie angespielt. Z. 12' nennt «ihre Fürsten (*ma-li-ki-šú-nu*)». Nach Z. 16' «setzten sie (Jamani) zur Herrschaft über sich ein (*elī-šú-nu*)». Z. 18' erwähnt «ihre Stadt (*āl-šú-nu*)» und Z. 9' «die schlimmen (*lem-nu-ti*)» [Hethiter]. Auch sagt Sargon in seiner grossen Prunkinschrift von Azuri in Z. 93: «Ich hatte seine Herrschaft über die Leute seines Landes (*eli nišī mātī-šú*) abgeschafft» und in Z. 94: «Aḫimiti hatte ich zur Herrschaft über sie (*elī-šú-nu*) gesetzt». Die treibende Kraft, besonders nach der Absetzung von Azuri, waren die Leute von Ašdod.

Unklar ist die Rolle der Könige der genannten Länder. Die Rede über sie beginnt in Z. 25', wohl mit dem Wort *ana*, dessen Sinn aber ganz unbestimmt ist. Vielleicht wollten die Ašdoditer die antiassyrische Liga des Ilubi'di von 720 mit Hilfe Ägyptens erneuern und wandten sich an die noch regierenden Könige im Südwesten des assyrischen Reiches. Wie diese Könige reagiert haben, lässt sich auch aus dem Prismafragment nicht entnehmen.

In den Zeilen 33'-41'.46' des Prismafragmentes berichtet Sargon, dass er seine Truppen den Tigris und den Euphrat überschreiten liess, als deren Wasserflut den Hochstand erreicht hatte, und dass Jamani floh, als das assyrische Heer noch fern war. Das Heer Sargons überschritt also Tigris und Euphrat im April-Mai und eroberte Ašdod, Gath und Ašdodimmu im Sommer 712. Leider ist nach der Flucht des Jamani das Prisma abgebrochen.

Da weder die Annalen noch die Prunkinschrift Sargons von einem Strafzug gegen Juda sprechen, hat sich Hiskia wohl noch rechtzeitig wieder unterworfen und entging so den schlimmen Folgen seines vermutlich antiassyrischen Verhaltens.

Jedoch wird auf einer Steinplatte von Nimrud die Unterwerfung Judas durch Sargon erwähnt. Dies stellt ein nicht geringes Problem dar, besonders da sie die Ereignisse nicht chronologisch aufzählt. Darin wird Sargon «der Unterwerfer des weitentfernten Landes *Ja-ú-du*» genannt [59]. Diese Aussage kann nicht vom Aufstand Ašdods sprechen, und es kann aus ihr nicht geschlossen werden, dass Juda an dem Aufstand teilgenommen habe; denn Ašdod wurde im Jahr 712 (spätestens 711) unterworfen, aber die Nimrudinschrift wurde bereits 715, wahrscheinlich schon 716 abgefasst [60]. Dazu kommt, dass diese Inschrift weder den Krieg Sargons gegen die Stadt Samaria noch die «Niederwerfung des ausgedehnten Bīt-Ḫumria (Israel)» von Jahr 720 erwähnt, die in der Zylinderinschrift Sargons [61] genannt wird. Darum spricht manches für die Meinung Wincklers, dass in der Nimrudinschrift «einfach die beiden Bruderreiche Israel und Juda verwechselt worden» seien [62]. Andere meinen, es handle sich tatsächlich um Juda, können aber nur Vermutungen äussern über die geschichtlichen Umstände der Unterwerfung Judas durch Sargon [63].

Wir haben aber ein Zeugnis dafür, dass Hiskia stark versucht war, an dem Aufstand Ašdods gegen Assyrien teilzunehmen; denn der Prophet Jesaja sah sich veranlasst, davor durch eine lange dauernde peinliche Symbolhandlung eindringlich zu warnen und zur Geduld zu mahnen (Jes 20,1-6). Daraus dass der Prophet lange Zeit hindurch barfuss, barhäuptig

---

[59] Steinplatte aus Nimrud. Zeile 8. Umschrift und Übersetzung von Winckler, *Keilschrifttexte Sargons,* S. 168f und von Peiser in *KB* II, S. 36f. Übersetzungen von Ebeling in *AOT,* S. 350; von Luckenbill in *Ancient Records,* II, § 137; von Oppenheim in *ANET,* S. 287a.

[60] Winckler, *Keilschrifttexte Sargons,* S. VI und Anm. 2. Nach Winckler ist die Nimrudinschrift «der Abfassungszeit nach die älteste Sargons». Nach Tadmor, «Campaigns of Sargon II», S. 36, wurde die Nimrudinschrift unmittelbar nach 716 abgefasst.

[61] Zylinderinschrift Sargons. Umschrift und Übersetzung von Peiser in *KB* II, S. 42f, Z. 19: *mu-ri-ib (mâtu) Bît-Ḫu-um-ri-a rap-ši* = «der da niederwarf das weite *Bît-Ḫumrî*». Übersetzung von Luckenbill in *Ancient Records,* II, § 118; von Ebeling in *AOT,* S. 349. — Vgl. auch die Inschriften Sargons in seinem Palast von Khorsabad 1) im Saal XIV bei Winckler, *Keilschrifttexte Sargons,* S. 82f, Z. 15: «Ich plünderte ... [die Stadt] Samírina und das gesamte land Bît-Ḫumria»; 2) im Torfussboden IV bei Winckler, ebendort, S. 148f, Z. 31-32: «welcher [die Stadt] Samaria und ganz Bît-Ḫumria eroberte». Übersetzung bei Luckenbill in *Ancient Records,* II, § 99.

[62] Winckler, *Keilschrifttexte Sargons,* S. XVIf. S. VI: Die Nimrudinschrift ist «der Abfassungszeit nach die älteste Sargons».

[63] Nach Tadmor, «Campaigns of Sargon II», S. 38f, Anm. 146, spreche diese Aussage anscheinend vom Jahr 720, denn sie stehe in der Inschrift n a c h dem Feldzug Sargons gegen Elam; die Unterwerfung Judas meine zweifellos die Zahlung der schuldigen Abgabe und damit die Anerkennung von Assyriens Oberherrschaft. (Damit wird aber eine Teilnahme Judas an der antiassyrischen Liga von 720 nicht ausgedrückt und nicht einmal angedeutet, wie Tadmor offenbar voraussetzt.) Es sei nur natürlich, dass Juda sich unterworfen habe, nachdem Samaria gefallen und von Ägypten keine Hilfe gekommen sei.

Ganz ähnlich sagt Na'aman, S. 32, es handle sich zweifellos um das Jahr 720; Juda könne die Liga unterstützt haben; dies sei zwar in keiner Inschrift gesagt, aber wohl deshalb, weil Juda höchstens eine Nebenrolle gespielt und seine (verweigerte?) Abgabe sofort bezahlt und darum nichts von seiten Assyriens zu leiden gehabt habe.

und ohne Mantel, bloss mit dem hemdartigen Untergewand bekleidet, einhergehen musste, ergibt sich, dass Hiskia sehr geneigt gewesen sein muss, sich der Rebellion anzuschliessen. Aber es lässt sich dem Text nicht entnehmen, ob er den Bruch mit Assyrien wirklich vollzogen hat. Man wird höchstens mit Tadmor sagen können: «It is likely that Judah offered more than tacit assistance»[64]. Zwar hielt Hiskia seinen Assyrien geleisteten Treueid, solange der grosse Sargon lebte, aber unter seinem Sohn und Nachfolger Sennacherib wagte er den tragischen Schritt[65].

Es wurde oben darauf hingewiesen, dass der Kurzbericht von 2 Kön 18,13-16 historisch durchaus zuverlässig ist. Die langen Ausführungen zur Jahresangabe am Beginn von 8,13 scheinen gezeigt zu haben, dass diese Datierung nicht notwendig falsch ist, denn die Bezeichnung des Jahres 701 als das 14. Jahr des Königs Hiskia führt zum Jahr 715/14 als seinem 1. Jahr, in dem er zu regieren begann und in dem die Politik Judas gegenüber Assyrien sich zu wenden begann.

2. Die lange, erbauliche Erzählung 2 Kön 18,17 – 19,37

Diese Quelle über das Schicksal Jerusalems im Jahre 701 v.Chr. ist ganz anderer Art als der Annalenbericht Sennacheribs und auch als der eben beschriebene Kurzbericht, der den Namen Hiskias immer *Ḥizqīyā* schreibt, während er in der langen Erzählung stets *Ḥizqīyāhū* lautet. Sie ist eine erbauliche Erzählung über den Propheten Jesaja. Ihr Zweck ist nicht die Berichterstattung, sondern religiöse Erbauung und fromme Belehrung. Sie soll anschaulich machen, dass die Befreiung Jerusalems aus höchster Gefahr nicht bloss durch natürliche Umstände und Ursachen zustande kam, sondern dem Eingreifen Jahwes zu verdanken ist. Wer dies erzählte, schaute das Geschehen mit den Augen des Glaubens. Diese Prophetenerzählung hat kurz folgenden Inhalt[66].

1. Sennacherib sandte von Lakisch aus den Rabsake und zwei andere hohe Beamten mit einer grossen Heeresmacht nach Jerusalem, damit sie die Stadt belagerten und eroberten. Vor dem Beginn der Belagerung forderte der Rabsake die Stadt in einer langen Rede auf, sich freiwillig zu ergeben. Er warnte vor dem Vertrauen auf die Hilfe Ägyptens und Jahwes. Dann drohte er mit den Schrecken der bevorstehenden Belagerung, lockte mit den Vorteilen der freiwilligen Übergabe der Stadt und wies auf die Macht des assyrischen Königs, der auch keiner der Götter der Völker habe widerstehen können und der auch Jahwe nicht werde widerstehen

[64] Tadmor, «Campaigns of Sargon II». S. 83.

[65] Siehe oben, S. 6ff.

[66] Dieselben Erzählungen werden auch vom Chronisten auf seine Art berichtet. Vgl. Vannutelli: auf S. 560-596 die Synopse von 2 Kön 18,13 – 19,37, von Is 36 – 37, und von 2 Chron 32,1-23. Hier wird auf Chron nicht eingegangen.

können. Nun sandte Hiskia zum Propheten Jesaja und liess ihn um seine Fürsprache bitten. Darauf verhiess der Prophet, dass Jahwe dem König von Assyrien auf eine Nachricht hin den Entschluss eingeben werde, in sein Land zurückzukehren, wo er durch das Schwert umkommen werde. Darauf weigerte sich Hiskia, die Stadt zu übergeben, wie sich aus dem Zusammenhang klar ergibt.

2. Der Rabsake, statt nun dem Heer zu befehlen, mit der Belagerung zu beginnen, kehrte zu Sennacherib zurück, der unterdessen von Lakisch abgezogen war und Libna belagerte. Jetzt hörte Sennacherib vom Herannahen des äthiopischen Königs Tirhaqa.

3. Nun sandte er wieder Boten nach Jerusalem und forderte Hiskia nochmals kurz zur Übergabe auf. Hiskia begab sich in den Tempel und zeigte Jahwe den (vorher nicht genannten) gotteslästerlichen Brief des Grosskönigs. Diesmal griff Jesaja von sich aus ein und sandte dem Hiskia die Verheissung, dass Sennacherib die Stadt nicht angreifen und nicht erobern werde. Die Verheissung Jesajas erfüllte sich: ein Engel liess in derselben Nacht im Lager der Assyrer eine gewaltige Anzahl von Menschen sterben.

Da kehrte Sennacherib in sein Land zurück und kam durch das Schwert um.

Untersuchung der langen Erzählung

Es handelte sich nun vor allem darum, die literarische Eigenart und die Glaubwürdigkeit dieser langen Erzählung festzustellen. Die schwierige Untersuchung geht am besten aus von ihrem Aufbau. Dabei fällt ohne weiteres in die Augen, dass diese Erzählung aus zwei kürzeren Erzählungen besteht, die beide genau gleich aufgebaut sind[67] und deren einander entsprechende Teile inhaltlich im wesentlichen miteinander übereinstimmen, aber zugleich ganz bestimmte Unterschiede aufweisen. Es zeigt sich ferner, dass die zweite Erzählung mit der ersten durch eine Überleitung verbunden und die zweite Erzählung in die erste eingeschoben ist. Dies ist aus dem folgenden, schematisch zusammenfassenden Aufbau der Gesamterzählung klar ersichtlich.

A. Erste Erzählung

1. 18,17-18: Sennacherib sandte aus Lakisch den Rabsake (und zwei andere Würdenträger) mit einer grossen Heeresmacht nach Jerusalem. Sie

---

[67] R. de Vaux weist in der Bible de Jérusalem in der Anmerkung zu 2 Kön 18,13-16 kurz darauf hin: «Le texte biblique contient deux récits parallèles ..., qui racontent d'une manière un peu differente la même succession de faits». Auch Eichrodt, II, S. 243, erwähnt die Tatsache «des gleichen Aufbaus der Schilderung». Ähnlich Honor, S. 45f. Ebenfalls Childs, S. 103.

machten an einer genau beschriebenen Stelle vor Jerusalem Halt. Drei hohe judäische Beamte kamen zu ihnen heraus.

2. 18,19-36: Der Rabsake verkündete eine lange Botschaft Sennacheribs für Hiskia (V.19-25) und an das Volk (V.26-36), um sie zur Übergabe der Stadt zu überreden.

3. 18,37–19,1: Die judäischen Würdenträger hörten die gotteslästerliche Botschaft, zerrissen ihre Kleider und berichteten sie dem Hiskia. Auch er zerriss seine Kleider, hüllte sich in ein Bussgewand und ging in den Tempel. (Sein Gebet wird nicht erwähnt.)

4. 19,2-4: Hiskia schickte Würdenträger zu Jesaja und bat um seine Fürsprache.

5. 19,5-7: Jesaja schickte dem König ein Gotteswort: «Ich will ihm den Entschluss eingeben, auf eine Kunde hin in sein Land zurückzukehren, und dort wird er durch das Schwert umkommen».
[Hier sind 19,8-35 eingeschoben].

6. 19,36-37: Dann brach Sennacherib auf und zog ab, kehrte heim und residierte in Ninive. Dort kam er durch das Schwert um.

B. Überleitung zur 2. Erzählung

19,8-9a: [8]Der Rabsake kehrte zu Sennacherib zurück und traf ihn im Kampf gegen Libna, denn er hatte gehört, er sei von Lakisch aufgebrochen. [9a]Und er hörte über Tirhaqa, den König von Kusch: Siehe, er ist ausgezogen, um mit dir zu kämpfen.

C. Zweite Erzählung

1. 19,9b: Da schickte Sennacherib nochmals Boten an Hiskia.

2. 19,10-14a: Er schickte ihm eine ganz kurze, mit der ersten Botschaft zum Teil wörtlich übereinstimmende briefliche Botschaft, und Hiskia las sie.

3. 19,14b-19: Hiskia ging in den Tempel, zeigte Jahwe den gotteslästerlichen Brief und verrichtete ein längeres Gebet (V.15-19).

4. 19,20a: Jesaja kannte wunderbarerweise den Inhalt dieses Gebetes und schickte dem Hiskia das folgende Gotteswort:

5. 19,20b: «So sprach Jahwe: Was du zu mir gebetet hast wegen Sennacheribs, habe ich gehört». [V.21-32aα]. V.32aβ-33: «Er wird nicht in diese Stadt eindringen. Auf den Weg, auf dem er gekommen ist, wird er zurückkehren. In diese Stadt aber wird er nicht hineinkommen, Spruch Jahwes». [34].

[6. 19,35: In der gleichen Nacht liess ein Engel im feindlichen Lager eine gewaltige Menge von Assyrern sterben].

D. Schluss der ersten Erzählung

19,36-37: Dann brach Sennacherib auf und zog ab. Er kehrte heim und residierte in Ninive. [37]Dort kam er durch das Schwert um. Sein Sohn Asarhaddon folgte ihm als König nach.

Cf. unten S. 44. Die 2. Erzählung ist eigentlich ein Einschub, eine Ergänzung der ersten Erzählung, der Grunderzählung.

E. Zum Aufbau der Gesamterzählung

1. Jesajas Verheissung der *1. Erzählung* in 19,5-7, dass Sennacherib in sein Land zurückkehren und dort ermordet werden würde, wird fast wörtlich erfüllt in den Worten 19,36-37, die folglich ebenfalls zur 1. Erzählung gehören. Sie waren von Anfang an *ihr Schlussteil*; denn dieser erbaulichen Erzählung konnte die Erfüllung der Verheissung nie gefehlt haben. Die 1. Erzählung ist also stets vollständig gewesen.

2. Jesajas Verheissung der 2. Erzählung in 19,32-33, dass Sennacherib nicht in die Stadt eindringen und nicht einmal den Angriff auf sie beginnen werde, findet in 19,35 ihre genaue Erfüllung, weil das Heer gleich in der Nacht nach der Ankunft der Boten Sennacheribs vernichtet wird. Der Vers 19,35 gehört also eindeutig zur 2. Erzählung und ist *ihr Schlussvers*. Die 2. Erzählung selber sagt nichts über das Schicksal Sennacheribs.

3. Aus der Feststellung der beiden Schlussverse ergibt sich, dass die Erzählung 19,8-35 in die 1. Erzählung, vor 19,36, *eingeschoben* worden ist. Dadurch diente der Abschluss 19,36 zugleich als Abschluss der durch 19,8-35 erweiterten Gesamterzählung und ergänzte so auch die in 19,35 fehlende Erwähnung des Schicksals Sennacheribs.

4. Die grosse Mehrheit der Autoren tritt dafür ein, dass die zwei Erzählungen ursprünglich von ein und derselben Gesandtschaft sprachen, also eigentlich Parallelerzählungen sind, und dass folglich die zweite Erzählung nicht eigentlich die Fortsetzung der ersten Erzählung war.

5. Es wurde wohl meist stillschweigend als selbstverständlich vorausgesetzt und gelegentlich ausdrücklich behauptet, dass die 2. Erzählung ursprünglich selbständig und von der 1. Erzählung unabhängig gewesen sei[68]. Deshalb wurde schliesslich angenommen, dass auch die 2. Erzählung anfänglich auch etwas vom Schicksal Sennacheribs gesagt haben müsse. Somit wurde versucht, die hinter Jes 37,36 (= 2 Kön 19,35) vermisste Aussage aus Vers 37,37 (19,36) wiederzugewinnen, in dem Kaiser Mängel fand[69] und wo Wildberger Anstoss nahm an der «Häufung der

---

[68] Procksch, S. 452; Wildberger, S. 1377 und 1422.

[69] Kaiser übersetzt Jes 37,37 (= 2 Kön 19,36): «Aber Sanherib, der König von Assur, brach auf und ging und kehrte um und blieb in Ninive». Dazu bemerkt er auf S. 299: «Da wir in V. 37a die Rückkehr zweimal festgestellt finden, — andernfalls sollte das ‘und

Verben» [70]. Aber diese Mehrheit der Verben ist in dem Vers durchaus begründet, denn der erste Erzähler hat darin auf den Abzug Sennacheribs, der das Herzstück seiner Erzählung ist, bewusst Nachdruck gelegt, indem er schrieb: «Und Sennacherib, der König von Assur, brach auf (*wayyissa'*) und zog ab (*wayyēlek*), er kehrte heim (*wayyāšob*) und blieb (*wayyēšeb*) in Ninive». Der Satz ist ganz fehlerlos, wenn er nur korrekt übersetzt wird; *hlk* heisst hier «weggehen» (Ges.–Buhl, s.v. n. 3), also «abziehen», und *šūb* bedeutet hier «zurückkehren, heimkehren» (vgl. Anm. 70).

6. Die Worte 19,8-9a haben nie zur 1. Erzählung gehört, in der sie ganz unpassend wären. Vielmehr sind sie vom 2. Erzähler, dessen Ei-

---

er kehrte um' vor dem 'und er ging' stehen, das hier jedoch organisch mit dem 'und er brach auf' verbunden ist —, werden wir ... 37aα zur ersten, in 37b fortgesetzten, Geschichte und 37aβ zur zweiten stellen dürfen».

Gegen diese Überlegung ist zu bemerken, dass das Verb *šūb* zwei Grundbedeutungen hat: «sich wenden» und «zurückkehren» (Gesenius–Buhl), Kaiser aber in 37,37 das Verb *wayyāšob,* man weiss nicht warum, in der ersten Bedeutung «und er kehrte um» übersetzt, so dass es nach «und er ging» nicht passt. Doch kann kein Zweifel darüber bestehen, dass das Verb hier «zurückkehren, heimkehren» bedeutet, denn *wayyāšob* in V.37 ist die Erfüllung der Verheissung 37,7: «*w^e^šāb 'el-'arṣō*», die Kaiser richtig übersetzt «und er wird in sein Land zurückkehren». Vgl. auch die Verheissung in 37,34, wo Kaiser das Verb *yašūb* sinngemäss wiedergibt: «Auf dem Weg, auf dem er kam, auf dem wird er zurückkehren». Somit steht *wayyāšob* in 37,37 durchaus an seiner passenden Stelle.

[70] Wildberger sagt in seinem Kommentar zu Jes vom grossen Sterben im 2. Bericht (37,36): Damit «kann aber die Erzählung nicht zu Ende sein, denn 34 hatte angekündigt: *bdrk 'šr-b' bh yšwb,* dessen Erfüllung noch registriert sein sollte» (S. 1376). Doch setzt diese Begründung die unbewiesene Annahme voraus, dass die zweite Erzählung einmal selbständig bestanden hat (vgl. unten S. 45). Wildberger vermutet, dass «der notwendige Schluss», den er im 2. Bericht vermisst, «der Verflechtung mit dem 1. Bericht zum Opfer gefallen» (S. 1375), aber teilweise in V.37 enthalten sei, «was die Häufung der Verben zu dessen Beginn ... nahelegt» (S. 1376). Es sei daher wahrscheinlich, dass V.37aβ.b «den Abschluss des 1. Berichtes bildet», nämlich: «Da kehrte Sanherib, der König von Assur, heim und blieb in Ninive», während V.37aα den 2. Bericht abgeschlossen habe: «Da brach Sanherib, der König von Assur, auf und ging hinweg» (S. 1377). Auf das Missfallen an der «Häufung der Verben» wurde schon im Text geantwortet.

Es bleibt noch eine Bemerkung zu machen zu der behaupteten Nahtstelle in Jes 37,37 (2 Kön 19,36). Nach Kaiser (S. 306) und Wildberger (S. 1380) folgte im ursprünglichen 1. Bericht 37,37aβ.b unmittelbar auf 37,9a: «Da hörte er über Tirhaqa, den König von Kusch, sagen: Er ist ausgezogen, um mit dir zu kämpfen. Da kehrte Sanherib, der König von Assur, heim und blieb in Ninive». Danach wäre Sennacherib aus Furcht vor dem nahenden Pharao aus Palästina abgezogen. Das ist auch den beiden Erklärern zu unglaublich. Kaiser behilft sich mit der Vermutung, der jetzige «Zusammenhang» verstümmele einen älteren Text (S. 310), wobei dunkel bleibt, worin diese Verstümmelung des Textes durch den Zusammenhang bestehen könnte. Nicht klarer ist, wenn er «die verstümmelte erste Geschichte» erwähnt (S. 300). Wildberger greift zu einer anderen Ausflucht, indem er V.9a einfach ausklammert (S. 1380), weil er «in Wirklichkeit redaktionelles Verbindungsstück» sei, was wohl mit den Worten begründet werden soll: «Der Übergang von 8 zu 9 ist hart» (S. 1376). Der Grund der Schwierigkeit liegt m.E. darin, dass V.9a zur 1. Erzählung gerechnet und V.37 auf beide Erzählungen verteilt wird (vgl. unten, S. 45 und 49).

genart sie zeigen und dem sie als Einleitung zur 2. Erzählung als deren Begründung dienen[71].

7. Das kraftvolle Spottgedicht 19,21-28 auf den abziehenden Sennacherib und das tröstende Orakel 19,29-31 gehören nicht zur Erzählung. Im Gegenteil, sie unterbrechen die Verheissung Jesajas. Um den Zusammenhang wieder herzustellen und die Fortsetzung wieder anzuknüpfen, wurde die Einführung der Verheissung 19,20b: «So sprach Jahwe, der Gott Israels», nach der Unterbrechung wieder aufgenommen am Anfang von 19,32: «So sprach Jahwe über den König von Assyrien». Die Verheissung Jesajas wird ursprünglich gelautet haben:

> 20b So sprach Jahwe, der Gott Israels: Was du wegen Sennacheribs, des Königs von Assur, zu mir gebetet hast, habe ich gehört. 32 Darum [ ] wird er nicht in diese Stadt eindringen und keinen Pfeil hineinschiessen, er wird mit keinem Schild gegen sie anrücken und keinen Damm gegen sie aufschütten. 33 Auf dem Weg, auf dem er gekommen ist, wird er zurückkehren, in diese Stadt wird er nicht eindringen — Spruch Jahwes. [34].

Nach diesen Worten ist die göttliche Verheissung Jesajas durch das Gebet Hiskias veranlasst worden. Die Worte 19,34 lauten: «Ich werde diese Stadt beschirmen, indem ich ihr helfe meinetwillen und meines Knechtes David willen». Aber nach der Abschlussformel am Ende von V.33 ist V.34 als Zusatz verdächtig[72].

F. Der Vergleich der beiden Erzählungen

Nach der Untersuchung des Aufbaues der Gesamterzählung gilt es vor allem die beiden Einzelerzählungen miteinander zu vergleichen, zunächst bezüglich ihrer geschichtlichen Glaubwürdigkeit. Es ist darauf hingewiesen worden, dass die beiden Erzählungen erbauliche Geschichten sind, legendären Charakter haben, Wunder lieben und von ihnen leben[73]. Es wurde aber auch anerkannt, dass sie manche historische Einzelzüge bewahrt haben können; die Erzählung «enthält gerade in Nebenpunkten eine Reihe von Einzelheiten, die eine gute Erinnerung an den Hergang der Belagerung verraten»[74]. Der allgemeine Wert der Erzählung als Geschichtsquelle wurde gelegentlich ganz gegensätzlich beurteilt. So hat M. Noth, *Geschichte Israels*, ²1954, S. 243 die Jesajaerzählungen nur

---

71 Vgl. unten S. 49f.

72 Nach der Schlussformel «Spruch Jahwes» in V.33 ist die Fortsetzung V.34 verdächtig. Vgl. Eichrodt, II, S. 247, Anm. 1.

73 Rudolph, S. 74.

74 Ebenda, S. 79.

in einer ganz kurzen Anmerkung erwähnt und sie als ungeschichtlich behandelt. In das andere Extrem fiel J. Bright, der schreibt: «The accounts of II Kings 18:17 to 19:37 may be assumed to reflect historical occurrences» [75]. Viel eher ist W. von Sodens Einschätzung zuzustimmen: «Die Erzählung mischt also einwandfreie historische Reminiszenzen, Anachronismen und legendäre bzw. novellistische Elemente... Der Historiker muss versuchen, hier die Spreu vom Weizen zu sondern, soweit das aufgrund unserer Kenntnis der Vorgänge und Zustände in der Zeit Hiskias und vorher möglich ist» [76]. Es wurde aber oft übersehen, dass diese gegensätzlichen Eigenschaften nicht rein zufällig verteilt sind, sondern dass die Glaubwürdigkeit mehr der ersten, die Unglaubwürdigkeit aber mehr der zweiten Erzählung eigen ist [77].

III. Die erste Erzählung: Glaubwürdigkeit und Zweck

Der Verfasser dieser Erzählung will keine Chronik der Ereignisse aufzeichnen, berichtet aber nichts, was geschichtlich unwahrscheinlich ist. Seine Worte scheinen sogar manche geschichtliche Züge festzuhalten, die auf zuverlässigen Erinnerungen fussen. Aber er gibt diese Erinnerungen oft frei mit eigenen Worten wieder, um seine Glaubensüberzeugung auch den einfachen Lesern lebendig nahezubringen, dass die Befreiung Jerusalems aus höchster Gefahr nicht rein natürlichen Ursachen, sondern dem Eingreifen Jahwes zu verdanken ist. So dient diese Erzählung der frommen Belehrung, der Erbauung der Leser. Sie ist also einerseits durchaus keine vollwertige Geschichtsquelle, aber andererseite ist sie auch keineswegs eine erdichtete fromme Legende [78]. Der konkrete Sinn dieser allgemeinen Charakteristik wird fassbarer durch ausdrückliche Nennung einzelner Züge.

---

[75] Bright, S. 299. Mehr darüber siehe unten S. 62f.

[76] Von Soden, «Sanherib vor Jerusalem», S. 48.

[77] Ähnlich schon Montgomery, S. 517: B bedeutet bei ihm die 1. Erzählung, C die 2. Erzählung. «Of the prophetic stories B doubtless deserves precedence with its contents of exact historical details; the historically colourless C is to be characterised in the words of the conservative Kittel as 'stark sagenhaft geartete Parallele zu der vorigen'». Ebenso Eichrodt, S. 242f. Vgl. auch Procksch, S. 452: Die 2. Erzählung «ist eine Heiligenlegende ... leblos und geschichtsfremd».

[78] Eichrodt, S. 242f, zeichnet den 1. Erzähler treffend mit den Worten: Er «ist kein Geschichtsschreiber, der eine chronikartige Darstellung der Ereignisse des Sanheribzuges geben will; es steht ihm zwar eine nicht unbeträchtliche historische Überlieferung zur Verfügung, aber er benützt ihre Elemente in sehr freier Weise, um sein eigentliches Ziel, die Beschreibung der unverhofften Errettung Jerusalems durch unmittelbares göttliches Eingreifen, möglichst eindrücklich zu gestalten ... Es wäre ungenau und irreführend, hier von Legende im Sinne einer frei erfundenen frommen Dichtung zu reden. Der Erzähler steht vielmehr mit der ihm zugeflossenen Geschichtsüberlieferung noch in enger Verbindung».

Der Beginn der Erzählung in 18,17 setzt voraus, dass Sennacheribs Hauptquartier vor der mächtigen judäischen Festung Lakisch war, und dies wird bestätigt sowohl durch den Kurzbericht in 18,17 als auch durch das beschriftete Flachbild aus Ninive von der Eroberung der Stadt Lakisch durch Sennacherib [79].

Derselbe Satz 18,17 berichtet, dass eine starke assyrische Truppenmacht nach Jerusalem gezogen ist. Die Richtigkeit dieser Aussage steht fest aus dem Annalenbericht Sennacheribs über die Belagerung von Jerusalem.

Die Beschreibung des Standortes der assyrischen Gesandten bei der Wasserleitung des oberen Teiches, an der Strasse nach dem Walkerfelde, nicht an ihrem Anfang ferne der Stadt, wovon Jes 7,3 spricht, sondern unter der Stadtmauer (18,27), also in der Nähe des Endes der Wasserleitung, wohl im heutigen Stadttal, verrät eine Kenntnis der Topographie Jerusalems gerade dort, wo die Stadtmauer nicht viel später ausgedehnt wurde.

Die Erwähnung Schebnas in 18,18.26 als Staatsschreibers, obwohl er in Jes 22,15 als Palastvorsteher erwähnt wird, obwohl er nach 22,19 daran war, aus seinem Amt entlassen zu werden, spricht für die Zuverlässigkeit der Nachricht und zeigt ihre Unabhängigkeit von Jes 22.

Die Bitte an die assyrischen Unterhändler, aramäisch zu sprechen (18,26), passt ausgezeichnet in diese Zeit, denn die aramäische Sprache begann gerade gegen Ende des 8. Jahrhunderts v.Chr. bei den Assyrern verbreitet zu werden [80].

Der Verfasser der ersten Erzählung hat gewiss den Wortlaut der langen Rede des Assyrers (18,19-25.27-35) nicht gekannt; darum stammt ihre jetzige Form sicher vom Erzähler selbst, der sie dem Assyrer in den Mund legte. Aber die Rede enthält nichts, was im Munde des Rabsake unwahrscheinlich gewesen wäre; die Worte sind vielmehr gerade so, wie sie vom Rabsake erwartet werden konnten. Es ist bekannt, dass die alten Schriftsteller und Geschichtsschreiber sich nicht für verpflichtet hielten, die von ihnen berichteten Reden wortgetreu wiederzugeben. Berühmt und sehr instruktiv ist die Vorrede des *Thukydides* zu seiner Geschichte des peloponnesischen Krieges, in der er seine Methode der Geschichtsschreibung ausdrücklich erklärt. Er unterscheidet die Reden und die Ereignisse, die er berichtet, und rechtfertigt die Freiheit, mit der er geschichtliche Reden wiedergibt. Er schreibt [81]: «Es war mir schwierig, genau zu wiederholen, was die Kriegführenden mündlich sagten, sei es, was ich selber hör-

---

[79] Vgl. oben, S. 23.

[80] Vgl. Vogt, *Lexicon*, S. 7*. Ein in Assur gefundenes Ostrakon aus der Mitte des 7. Jh. enthält die Korrespondenz eines assyrischen Offiziers mit einem Kollegen in aramäischer Sprache; vgl. Brockelmann, S. 137. Text in *KAI*, Nr. 233.

[81] Thukydides, *Der peloponnesische Krieg*, Buch 1, Nr. 22.

te, sei es etwas, was anderswoher beichtet wurde. Darum legte ich ihnen solche Worte in den Mund, die jeder von ihnen wahrscheinlich gesagt zu haben scheint, indem ich dem allgemeinen Inhalt der Reden möglichst nahe zu kommen suchte». Über seine Berichte von Ereignissen aber sagt Thukydides: «Die Taten jedoch habe ich nicht so erzählt, wie sie von irgend jemand berichtet wurden oder wie sie mir geschehen zu sein schienen, sondern ich erzählte das, was ich selber gesehen oder was ich so genau wie möglich geprüft habe».

Also freie Abfassung einer Rede ist nicht notwendig gegen die wesentliche Geschichtlichkeit ihres Inhaltes. [Cf. oben S. 33. Rabsake warnt gegen Vertrauen auf Ägypten.] Die Reden, die Thukydides verfasst zu haben sagt, sind zwar keine Dokumente, aber auch nicht blosse Erdichtungen, sondern haben meist eine wichtige Aufgabe innerhalb des Geschichtswerkes; denn die vom Historiker sorgfältig verfassten Reden konnten die wirkliche Lage oft viel besser charakterisieren als die tatsächlich gehaltenen Reden [82].

Es ist durchaus möglich, dass die vom Verfasser der ersten Erzählung aufgesetzte Rede des Rabsake im wesentlichen der wirklich gehaltenen nahe kommt. Jedenfalls macht er durch diese Rede sehr anschaulich, wie gross die Gefahr war, in der Jerusalem schwebte, und was den Bewohnern der Stadt während der bevorstehenden Belagerung drohte.

Das sehen wir ganz handgreiflich bei Josephus Flavius, der biblische Reden, die nachgeprüft werden können, ganz frei wiedergibt.

Die geschichtliche Treue des Hintergrundes der Rede lässt sich an Einzelheiten erkennen. So ist es zwar eine Kleinigkeit, die aber bezeichnend ist, dass der Rabsake in 18,19.23 seinen Herrn mit dem richtigen Titel als «Grosskönig», als *šarru rabû* bezeichnet. Die assyrischen Oberherren waren gut informiert über Umtriebe bei ihren Untertanenvölkern; darum wusste der assyrische Heerführer sehr wohl, dass der unbedeutende König Hiskia von Juda seinen im Grund unsinnigen Widerstand gegen den mächtigen König des Grossreiches nur darum gewagt hatte, weil er sich auf die Hilfe Ägyptens verliess (18,21), wie wir aus den Worten Jesajas selbst erfahren [83]. Zweifellos richtig ist auch, dass Hiskia fest auf ein Eingreifen Jahwes hoffte (18,22a.32b); denn der Verfasser der Königsbücher betont gerade das unvergleichliche Gottvertrauen Hiskias (18,3). Der assyrische Würdenträger verweist auch auf das Bemühen Hiskias, den ganzen *Jahwekult* auf den *Tempel von Jerusalem* zu beschränken (18,22b); die religiöse Reform Hiskias ist trotz ihrer kurzen Dauer nicht zu bezweifeln (vgl. oben S. 3f); sie wird nicht nur in 18,4 erwähnt, sondern auch in 21,3 bestätigt, wonach sie von seinem Sohn Manasse rückgängig gemacht wurde.

---

[82] Vgl. Dibelius, S. 5-9.

[83] Jes 30,1-5.7; 31,1-3.

Der Rabsake hatte sich in 18,19-25 bemüht, die Beamten Hiskias angesichts der auf den Mauern stehenden Einwohner mit dringenden Gründen zur Übergabe der Stadt zu überreden; darauf baten die Vertreter Hiskias den Assyrer, nicht judäisch zu sprechen, damit das durch die Gründe offenbar beeindruckte Volk ihn nicht verstände. Nun redete er erst recht zum Volke selber, aber in einer Weise, die nicht zu passen scheint zu der Art, in der die Assyrer mit ihren Feinden doch wohl kaum gesprochen haben und die deshalb unglaubwürdig zu sein scheint.

Doch wurde vor wenigen Jahren eine Reihe assyrischer Briefe gefunden und veröffentlicht, die wenigstens teilweise zur Zeit Tiglat-Pilesers III. (745-727), zwei davon im Jahr 731 v.Chr. geschrieben wurden. Wie der Herausgeber bemerkt, lässt der 1. dieser Briefe erkennen, dass die assyrische Diplomatie mit den feindlichen babylonischen Bürgern in einer Weise verhandelte, die sehr erinnert an die Rede des Rabsakes zu den Einwohnern Jerusalems. Ferner zeigen der 24., 25. und der 26. Brief, ebenfalls nach dem Herausgeber, dass die assyrische Zentralregierung bei ihrer Umsiedelungspolitik sehr darauf bedacht war, die betreffende Menschengruppe in einem solchen Gebiet anzusiedeln, in dem es wirklich zufriedengestellt würde, gerade wie Rabsake es in 18,32 tut [84].

Der Verfasser der ersten Erzählung setzt voraus, das Jesaja zur Zeit der Ankunft des assyrischen Heeres vor Jerusalem sich selber in der Stadt befand (19,2-5). Dies war tatsächlich der Fall, denn nach den Worten des Propheten Jes 22,1-15 war er Augenzeuge der Ereignisse in dem belagerten Jerusalem [85].

Ferner berichtet der Erzähler in 19,5-7, dass Jesaja dem Hiskia *eine Heilsverheissung* gegen den König von Assyrien gegeben habe. Dies scheint aber sehr unwahrscheinlich nach dem Bruch, der sich zwischen Jesaja und Hiskia vollzogen hatte, als Hiskia trotz der dringenden Mahnungen und Drohungen Jesajas ein Bündnis mit Ägypten abgeschlossen und den Assyrien geleisteten Treueid gebrochen hatte [86]. Damals war der Prophet tief enttäuscht und machtlos, zog sich zurück und hüllte sich in Schweigen. Er schwieg wohl auch, als Sennacherib das Land Juda eroberte, ganz ausplünderte und viele Einwohner in die Gefangenschaft führte. Jedoch als er Jerusalem einschloss und offenbar die Absicht hatte, wie er den König von Ašqalon deportiert hatte, so auch den Hiskia zu verschleppen, oder gar, wie er den König von Eqron, der sich nicht unterwarf, hinrichten liess, so auch den unnachgiebigen Anführer der Revolte

[84] Veröffentlicht von Saggs, «The Nimrud Letters, 1952». Vgl. besonders Part I, S. 47, and Part II, S. 55. Die Übersetzung des 1. Briefes auch bei Childs, S. 81. Verbesserte Übersetzung dieses Briefes bei von Soden, «Sanherib vor Jerusalem», S. 46f. Über die Nimrudbriefe auch Wildberger, S. 1387f.

[85] Siehe unten, S. 87.

[86] Siehe oben, S. 8f.

Hiskia zum grausamen Tod zu verurteilen und so der davidischen Dynastie ein Ende zu bereiten, wäre es durchaus verständlich, dass Jesaja dem verzweifelten König ein Heilsorakel gab [87].

Im Heilsorakel 19,6-7 ermutigt Jesaja den Hiskia, die Drohungen der Assyrer nicht zu fürchten, denn Jahwe werde den Sennacherib dazu antreiben, auf eine «*Kunde*» hin und sein Hören auf sie in sein Land zurückzukehren. Es wurde zwar behauptet: «Die beliebte Vermutung, Sanherib sei durch Vorgänge in Babylonien zu einem eiligen Aufbruch gezwungen worden, trifft nicht zu» [88]. Doch wird unten (S. 69ff) gezeigt werden, dass diese Behauptung unbewiesen ist und die Verhältnisse in Babylon für Sennacherib sehr wohl Anlass gewesen sein konnten und auch wahrscheinlich waren, die Belagerung Jerusalems abzubrechen, weil die Lage in Südbabylonien unsicher war und die baldige Anwesenheit Sennacheribs dort ratsam machten.

Nachdem die erste Erzählung die Anwesenheit eines mächtigen assyrischen Heeres und die Androhung der Belagerung ausdrücklich berichtet hatte, sagte Jesaja die Befreiung der Stadt und die Bestrafung Sennacheribs ausdrücklich voraus in 19,7: «[7a]Siehe, ich werde ihm den Entschluss eingeben, nach Empfang einer Nachricht in sein Land zurückzukehren. [7b]Und in seinem Land werde ich ihn durch das Schwert umkommen lassen». Bevor die erste Erzählung durch 19,8-35 unterbrochen wurde, beschrieb sie gleich die Erfüllung jener Voraussage in 19,36-37: «[36]Und Sennacherib, der König von Assur, brach auf und zog ab und kehrte heim und residierte in Ninive». Und in 19,37 wurde die in 19,7b vorausgesagte Ermordung Sennacheribs berichtet. Aus dem Zusammenhang des vorliegenden Textes ist ohne weiteres klar, dass Sennacherib eine Nachricht erhalten haben muss, die seinen Abzug veranlasste; der Erzähler mag die Erwähnung für unwichtig und unnötig erachtet haben. Ebenso ergibt sich aus der Erzählung eindeutig, dass Sennacherib abzog, ohne Jerusalem erobert zu haben — eine Tatsache, deren Geschichtlichkeit auch aus den Annalen Sennacheribs feststeht, wie oben S. 20 gezeigt wurde. Der Erzähler übergeht auch den Beginn der Belagerung, vielleicht weil er die Schmach des glorreichen Jerusalem nicht nennen will; doch schliess 19,36 eine Belagerung nicht aus, widerspricht also der Geschichte nicht, wie es die 2. Erzählung tut.

---

[87] Man hat die Sinnesänderung Jesajas einem hypothetischen Wortbruch Sennacheribs zugeschrieben, wonach Sennacherib in 18,14-16 die Unterwerfung und Tributzahlung Hiskias angenommen und auf die Übergabe Jerusalems verzichtet habe, dann aber in 18,17ff diesen Verzicht bereut und die Belagerung Jerusalems angeordnet habe; darauf habe sich Jesaja entrüstet und ganz hinter Hiskia gestellt. So Scharbert, S. 293. Doch beruht die Annahme eines Wortbruches Sennacheribs auf einer falschen Voraussetzung; vgl. unten, S. 60.

[88] Herrmann, S. 319.

Auch die vom ersten Erzähler in 19,37 erwähnte Ermordung Sennacheribs durch seinen eigenen Sohn und der Name seines Nachfolgers stehen historisch fest [89], wenn sich auch Einzelheiten des Begebnisses nicht nachprüfen lassen. Die Erzählung stellt, ihrem erbaulichen Zweck entsprechend, die Ermordung, die erst zwanzig Jahre nach dem Palästinafeldzug erfolgte, in einer Weise dar, dass sie dem Leser als bald nach 701 geschehen und als Strafe für seinen Frevel gegen Jerusalem und gegen Jahwe erscheinen musste.

Die erste Erzählung geht also, wie anfangs gesagt worden ist, in irgendeiner Weise auf eine alte Tradition zurück, hat richtige Erinnerungen bewahrt und geht irgendwie auf die Ereignisse selbst zurück, auch wenn der Erzähler die Erinnerungen seinem Ziel der religiösen Erbauung dienstbar gemacht und seinem Ziel entsprechend mit Einzelheiten ausgeschmückt und lebhaft, zuweilen fast dramatisch ausgestaltet hat.

IV. **Die zweite Erzählung**

1. Ihre Eigenarten

Diese Erzählung, die eigentlich eine in die erste, die Grunderzählung eingeschobene [90] Ergänzung ist [91], hat einen ganz anderen Charakter als die erste Erzählung. Die Ergänzung unterscheidet sich von der Grunderzählung besonders dadurch, dass die Erzählungselemente, die ihr eigen sind und nicht gemeinsam mit der ersten Erzählung, geschichtlich kaum wahrscheinlich, wenn nicht überhaupt ungeschichtlich sind [92].

Es ist schon durchaus unrealistisch, dass der assyrische Heerführer, als seine Drohung erfolglos blieb und Hiskia die Stadt nicht kampflos übergab, die angedrohte Belagerung nicht begann, sondern zu Sennacherib zurückkehrte, etwa um zu fragen, was er tun solle. Es ist auch ganz unglaubwürdig, wenn dem Sennacherib die Meinung zugeschrieben wird, dass Hiskia, der sich durch die erste feierliche Gesandtschaft und ihre eindrucksvolle Rede nicht zur Übergabe der Stadt hatte bewegen lassen, sich durch eine zweite viel bescheidenere Gesandtschaft und durch die zum Teil wörtlich Wiederholung eines kleinen Teiles der ersten Botschaft zur Nachgiebigkeit überreden lassen würde.

---

[89] Vgl. Galling, S. 69.

[90] Eichrodt, S. 249, erwähnt «die beiden jetzt so fest ineinandergeschobenen Berichte».

[91] Vgl. oben, S. 36f.

[92] Van Leeuwen, S. 263, bemerkt: «Même le récit III [= 2. Erzählung] qui semble avoir le caractère le plus légendaire porte des points de contact historique». Dies ist durchaus verständlich; denn die 2. Erzählung enthält nicht nur Eigengut, sondern auch Elemente der 1. Erzählung, die der Wirklichkeit näher steht.

Eine zweite Eigenheit liegt darin, dass die zweite Botschaft bedeutend kürzer ist als die erste. Sie ist, wie eben angedeutet wurde, ein kurzer Auszug und die teilweise wörtliche Wiederholung eines kleinen Teiles der ersten Botschaft. Dies ist ganz klar ersichtlich aus dem Vergleich der ersten Aufforderung zur Kapitulation in 18,29-34a mit der zweiten Aufforderung in 19,10-13, wo zu den sinnvollen Städtenamen Hamat, Arpad, Samaria und zu dem unbestimmten Sefarwaim der ersten Aufforderung noch sechs Städtenamen hinzugefügt sind, bei denen man sich des starken Verdachtes nicht erwehren kann, dass der Ergänzer sie aufs Geratewohl genannt hat[93], etwa um den unwissenden Leser zu beeindrucken.

Ferner ist die Beschreibung der einzelnen Begebenheiten und Umstände meist farblos, ohne konkrete Angaben. Meist besteht die Ergänzung in Reden. Sie erwähnt nur «Boten» Sennacheribs, nennt mit keinem Wort den hohen assyrischen Beamten Rabsake, ebensowenig die hohen Beamten Hiskias; sie sagt auch nichts darüber, dass diese und nachher selbst Hiskia wegen der Gotteslästerung die Kleider zerreissen. Der einzige, der zweiten Erzählung eigene anschauliche Zug ist der anfangs gar nicht genannte «Brief» Sennacheribs, den Hiskia dem Herrn im Tempel zeigt und vorliest, damit er selber die Gotteslästerungen lesen und hören könne. Die zweite Erzählung betont auch sonst die Gotteslästerungen Sennacheribs ausdrücklicher, denn in der ersten Aufforderung mahnt Sennacherib die Jerusalemer, sich nicht von ihrem König täuschen zu lassen (18,29), aber in der zweiten Botschaft warnt er Hiskia, sich nicht von Jahwe täuschen zu lassen (19,10), und in seinem Gebet (19,16) sagt Hiskia ausdrücklich, dass Sennacherib den lebendigen Gott verhöhne. Im selben Gebet hebt Hiskia die Erhabenheit Jahwes viel mehr hervor (19,15), als es in der ersten Erzählung geschehen ist.

2. Die Entstehung der zweiten Erzählung

Es wurde oben festgestellt, dass die erste Erzählung auf eine alte Tradition zurückgehen müsse. Nun fragt sich, wo die zweite Erzählung ihren Ursprung hat. Man erklärt die beiden Erzählungen als Dubletten, die auf zwei parallele Traditionen zurückgehen[94], aber aus zwei Quellen stammen[95], oder aber dass beide auf der gleichen Tradition beruhen und sich auf ein und dieselbe Erzählung stützen[96]. Aber auch in diesem letzten Fall bleibt die Frage offen, auf welche Weise die zweite Erzählung aus der ursprünglichen entstanden sei.

---

[93] Vgl. Wildberger, S. 1483f.

[94] Delorme–Briend, S. 318.

[95] Vgl. Procksch, S. 441; Scharbert, S. 290f; Childs, S. 76: «The presence of two continuous parallel sources has been confirmed».

[96] Haag, S. 352.

Bei der Suche nach dem Ursprung der zweiten Erzählung geht man wohl am besten von der Feststellung aus, dass beide Erzählungen denselben Aufbau und denselben Zweck haben, dass ferner die Inhalte der einzelnen Teile der zweiten Erzählung mit denen der ersten im wesentlichen übereinstimmen, aber doch manche Einzelelemente voneinander verschieden sind. Dieser auffällige Doppelcharakter der zweiten Erzählung, nämlich die starke Übereinstimmung und die gleichzeitige Verschiedenheit von der ersten Erzählung, muss ihren Grund haben. Diese Tatsachen scheinen sich am besten verstehen zu lassen durch die Annahme, dass der zweite Erzähler, während er schrieb, nicht eine andere Tradition, sondern die erste Erzählung vor Augen hatte, sie aber in freier Nachahmung knapp nacherzählte[97]. Dabei ahmte er ihre Disposition genau nach, gestaltete sie kürzer und legte das Hauptgewicht auf die Reden, während er die eigentlich erzählenden Sätze auf wenige Verse beschränkte.

Da die zweite Erzählung in die erste eingeschoben ist, hat der Leser von Anfang an beide Erzählungen vor Augen, und darum konnte der Ergänzer manche konkreten, ausmalenden Einzelheiten auslassen, ohne sie in der zweiten Erzählung zu wiederholen. Da hingegen die erste Erzählung in 19,1 nur sagt, dass Hiskia sich in den Tempel begab, aber nichts von seinem Gebet sagte, benützte der Ergänzer die Gelegenheit, um dem

---

[97] Ähnlich bemerkt Honor, S. 49, der die beiden Erzählungen mit B und C bezeichnet: «It has been suggested above that there is reason to believe that B and C are parallel versions of the same story»; dann fährt er fort: «If so, the former may be an account prepared on the basis of bona fide sources, and that the latter represent *a legendary embellishment of the former*» (Kursiv vom Zitierenden).

Ähnliches scheint bereits Procksch, S. 452, geahnt zu haben. Er nennt die beiden Erzählungen I und II und sagt: «Literarisch ist II selbständig gegen I; doch schimmert die gemeinsame Grundlage überall durch». Er sieht richtig die literarische Selbständigkeit und Freiheit des 2. Erzählers gegenüber seiner Vorlage, andererseits eine grosse Übereinstimmung mit ihr. Doch liess ihn die Annahme von zwei Quellen nicht sehen, dass die 1. Erzählung selbst sehr wohl die Vorlage für die 2. Erzählung gewesen sein konnte.

Wie Wildberger, S. 1422, richtig bemerkt, haben die beiden Berichte auch Gemeinsames, woraus aber nicht folge, dass die 2. Erzählung «nur eine Überarbeitung der ersten» sei. Die oben dargelegte Erklärung wird auch gar nicht bloss auf das ihnen Gemeinsame gegründet. Wildberger bezeichnet dann die zweite Erzählung als «eine eigenständige Tradition», weil oben mehrmals «festgestellt», d.h. behauptet worden war, dass die 2. Erzählung auf die 1. Erzählung zurückgewirkt habe. Doch sind die Beispiele einzelner Züge, die sekundär aus der zweiten in die erste Erzählung eingetragen worden seien, sehr schwach.

Besser bemerkt Childs, S. 103, bei der Frage über die Beziehung zwischen den beiden Erzählungen: «There is a common body of oral tradition shared by both accounts which appears in the similar structure of the stories and in the sections of parallel materials». Dann aber fügt er eine Aussage und eine Begründung hinzu, denen widersprochen werden muss: «The many non-tendentious variations would rule out a literary relationship». Die Tendenz und «dominant concern» des 2. Erzählers sei, Hiskia als Typus des gläubigen Königs darzustellen. Gewiss zeichnet er ihn als frommen König, aber das ist nicht seine eigentliche Absicht, wie schon seine «many non-tendentious variations» zeigen.

Hiskia ein längeres Gebet in den Mund zu legen, das sein Vertrauen auf Jahwe und seine Verachtung der Götter zeigte (19,15-19).

3. Der Zweck der zweiten Erzählung

Der Grund, der den Verfasser der zweiten Erzählung bewog, die Gesandtschaft Sennacheribs und die prophetische Voraussage der Befreiung Jerusalems nochmals zu erzählen, scheint sein Wunsch gewesen zu sein, das Ziel der erbaulichen Geschichte nochmals und eindringlicher hervorzuheben, als es der erste Erzähler getan hatte, dessen Absicht es gewesen war zu zeigen, dass die Befreiung Jerusalems aus höchster Not nicht so sehr natürlichen Umständen und Ursachen, als vielmehr dem direkten Eingreifen Jahwes zu verdanken war [98].

Während der erste Erzähler den Propheten Jesaja erst auf die Bitte des Königs um seine Fürsprache hin die göttliche Heilsweissagung geben liess, gibt Jahwe in der zweiten Erzählung, wohl wegen Hiskias Gebet, dem Propheten von sich aus eine neue Heilsweissagung. Es könnte als wunderbarer Zug erscheinen, dass Jesaja ohne menschliche Mitteilung sowohl den Inhalt der assyrischen Drohung als den des königlichen Gebetes kannte, doch konnte Jesaja nach der bekannten ersten Drohung die zweite Drohung und die Bitte Hiskias an Jahwe sehr wohl vermuten, erhielt aber sichere Kenntnis durch prophetische Eingebung Jahwes.

Zu beachten ist auch folgende Steigerung. In der ersten Erzählung verkündet Jesaja dem Hiskia im Namen Jahwes einfach: «Fürchte dich nicht vor den Worten des Königs von Assyrien! Ich will ihm auf eine Nachricht hin den Entschluss eingeben, in sein Land zurückzukehren» (19,7), ohne die Stadt eingenommen zu haben. Jedoch geht der zweite Erzähler ins Einzelne und lässt den Propheten ausdrücklich ankündigen: «Er wird nicht in die Stadt eindringen, keinen Pfeil hineinschiessen, mit keinem Schild gegen sie anrücken, auch keinen Angriffswall gegen sie aufschütten» (19,32). Die zweite Heilsweissagung sagt also nicht nur den Abzug Sennacheribs voraus (19,33), sondern auch das Unterbleiben eines kriegerischen Angriffes auf die Stadt, was möglich ist [99].

Den Höhepunkt erreicht die zweite Erzählung in der berühmten Wunderlegende in 19,35 von dem plötzlichen Massensterben im Lager des unglaublich gewaltigen Assyrerheeres. Mit diesem Wunder wurde die Hilfe Jahwes ganz massiv und unübersehbar zur Darstellung gebracht. Doch bestehen berechtigte Zweifel, ob der Vers von zweiten Erzähler stammt oder nicht vielmehr ein späterer Zusatz ist, worüber unten die Rede sein wird [100].

---

[98] Clements, S. 61: «The belief that Jerusalem would be providentially protected from Sennacherib in 701 [ ] forms the basic focal point of both B1 and B2 accounts ...».

[99] Siehe unten, S. 64f.

[100] Siehe unten, S. 71f.

4. Die «zweite Gesandtschaft»

Der Ergänzer, der durch seine Ergänzung das Ziel der ersten Erzählung deutlicher hervorheben wollte, konnte schwerlich zwei fast gleiche Erzählungen über dieselbe Begebenheit nebeneinander stellen. Er vermied diese Schwierigkeit, indem er die zweite Erzählung über dieselbe Gesandtschaft umgestaltete. Er tat dies, indem er seine Erzählung mit den Worten begann: «Und er sandte nochmals (*wayyāšob wayyišlaḥ*) Boten zu Hiskia». Damit hatte er die zweite Erzählung kurz und klar als Beschreibung einer zweiten Botschaft gekennzeichnet. Auf diese Weise gewann er zugleich den Vorteil, freie Hand zu bekommen in der Darstellung der Einzelheiten; denn zwei Gesandtschaften, die in den gleichen Umständen und mit demselben Ziel handelten, hatten notwendig grosse Ähnlichkeit miteinander, aber waren natürlich in einzelnen Elementen voneinander verschieden. Der Ergänzer scheint die Zweiheit der Gesandtschaften noch bekräftigen zu wollen durch die vorausgehenden Worte 19,8-9a, die der zweiten Erzählung als Einleitung dienen und die beiden Erzählungen als Klammerstück miteinander verbinden sollten.

5. 2 Kön 19,8-9a: Einleitung zur 2. Erzählung

Die eigentliche Parallelerzählung beginnt eindeutig in 19,9b mit dem Bericht über eine neue Gesandtschaft Sennacheribs an Hiskia. Doch stammt die Einleitung zu diesem Bericht in 19,8-9a ebenfalls aus der Feder des zweiten Erzählers. Die Worte dieser Einleitung lauten: «[8a]Dann kehrte der Rabsake zurück (von Jerusalem) und traf den König von Assyrien im Kampf gegen Libna; [8b]denn er (Rabsake) hatte gehört, dass er (Sennacherib) aufgebrochen war von Lakisch. [9a]Und er (Sennacherib) hörte über Tirhaqa, den König von Kusch, sagen: Siehe, er ist ausgezogen, um gegen dich zu kämpfen.» Nun beginnt der Bericht über die zweite Gesandtschaft: « [9b]Da sandte er nochmals Boten an Hiskia mit dem Auftrag ...».

Da 19,7 zweifellos noch zur ersten Erzählung gehört, aber 19,9b deutlich der Beginn des Parallelberichtes ist, liegt es nahe, die Worte 19,8-9a zur ersten Erzählung zu rechnen. Dies geschieht tatsächlich nicht selten [101], im Grunde wohl unter dem Einfluss der Konjektur, die B. Stade in seiner berühmten Analyse von 2 Kön 18–19 vorgelegt hat [102].

---

[101] Childs, S. 74: «This division has become standard for the majority». Kaiser, S. 300: Es scheint «wahrscheinlicher, V.8 und 9a geschlossen der ersten Geschichte zuzuweisen». Wildberger, S. 1380, rechnet V.8 zur ersten Erzählung und klammert V.9a aus, weil es längst fraglich sei als ursprünglicher Bestandteil der ersten Erzählung (S. 1390).

[102] Stade, S. 172ff, worauf Childs, S. 74, aufmerksam macht. Stades Überlegung ist kurz folgende. Die 1. Erzählung enthält in 19,7b die Prophetie über Sanherib: *w^e šāb l^e 'arṣō*. Nun fügt Stade am Anfang von 19,9b nach *wayyāšob* die Konjektur *l^e 'arṣō* ein. So

Zwar hat m.W. niemand diese Konjektur wörtlich übernommen, doch scheint sie grossen Einfluss auf die Zuteilung von 19,8-9a zur ersten Erzählung ausgeübt zu haben.

Doch gehören diese Sätze, die mit ihrem stillschweigenden Subjektswechsel stilistisch recht unbeholfen sind, ganz deutlich zur zweiten Erzählung. Denn zunächst ist ihr Ziel ganz klar, die zweite Gesandtschaft vorzubereiten und zu motivieren. Die Rückkehr des Rabsake ermöglicht die Absendung von neuen Boten. Der Ausgangspunkt der zweiten Gesandtschaft von Libna unterscheidet sich deutlich von der ersten Gesandtschaft, die von Lakisch abgegangen war. Das Nahen der Ägypter und besonders des mächtigen Pharao Taharqa motiviert die Absendung von neuen Boten; denn dies soll offenbar zeigen, dass Sennacherib die Kapitulation des «trotzigen Felsennestes Jerusalem» noch vor der Ankunft der Ägypter zu erreichen hoffte, um beim Kampf gegen sie den Rücken frei zu haben.

Ferner verraten die fraglichen Sätze durch ihre Unglaubwürdigkeiten und Anachronismen die Eigenart des zweiten Erzählers. Es ist unglaublich, dass der Anführer der grossen assyrischen Heeresmacht nach der Weigerung Hiskias, sich zu ergeben, nicht die angedrohte Belagerung begann, sondern erst zu Sennacherib zurückkehrte, vielleicht um ihn zu fragen, was er nun tun solle, statt Jerusalem nun einzuschliessen. Es ist auch unwahrscheinlich, dass Sennacherib nach der Eroberung von Lakisch noch die Belagerung *Libnas* unternommen habe, denn nach dem zuverlässigen Bericht 18,14 nahm Sennacherib die Unterwerfung Hiskias an und beendete den Palästinafeldzug. Weiter setzt der Erzähler in 19,9a das Anrücken des ägyptischen Entsatzheeres — und damit auch die Schlacht bei Elteqe — erst *nach* der Eroberung von Lakisch an; dies wiederspricht aber dem Verlauf des assyrischen Feldzuges, wie er sich besonders aus den Annalen Sennacheribs ergibt[103]. Zwar bemerkt Aharoni dazu: «There can be no doubt that the biblical sequence is more accurate»[104]. Das gilt für ihn offenbar a priori, denn er versucht nicht einmal eine Begründung seiner apodiktischen Aussage. Richtiger sagt Rudolph mit kritischen Sinn: «Sicher ist..., dass das Verweilen Sanheribs in oder vor Lachis hinter die Schlacht von Eltheke fallen muss, weil eine so bedingungslose Unterwerfung Hiskias (18,14) vor dem Versagen der ägyptischen Hilfe nicht wohl denkbar wäre»[105]. Der junge Verfasser von 19,9

werden diese beiden Worte zur Erfüllung der genannten Prophetie der 1. Erzählung und gehören folglich ebenfalls zur 1. Erzählung. Somit liegt die Naht zwischen beiden Erzählungen nach V.9a und vor V.9b, d.h. die Worte 19,8-9a müssen der 1. Erzählung und 19,9b der 2. Erzählung zugeschrieben werden.

[103] Vgl. oben S. 20f und Karte bei Aharoni, *Land of the Bible*, S. 390.

[104] Ebenda, S. 388.

[105] Rudolph, S. 71.

hatte eben nur eine unbestimmte Kenntnis von dem Zug eines ägyptischen Hilfsheeres nach Palästina gegen Sennacherib und setzte dieses Ereignis zu spät an; denn es begab sich, bevor Sennacherib Eqron eingenommen hatte. Es wurde weiter schon vorher darauf hingewiesen, wie unrealistisch die zweite Erzählung ist, da sie dem Sennacherib die Meinung unterschiebt, dass Hiskia, der sich durch die erste feierliche Botschaft nicht hatte bewegen lassen, sich durch eine zweite bescheidenere Botschaft überreden lassen würde. Noch wirklichkeitsfremder wird diese Meinung, nachdem 19,9 das Heranrücken der Ägypter erwähnt hatte; denn Hiskia widerstand gerade deshalb, weil er sich auf die ägyptische Hilfe verliess. Schliesslich ist besonders darauf zu verweisen, dass der Verfasser von 19,9a die Führung des ägyptischen Entsatzheeres dem Pharao Tirhaqa zuschrieb. Er hatte wohl eine ungenaue Erinnerung an den bedeutenden, assurfeindlichen Pharao Taharqa, der lange ganz Ägypten beherrscht hat und eine international bedeutende Persönlichkeit war, zu der palästinische und syrische Fürsten ihre Zuflucht gegen Assyrien nahmen[106]. Aber in 19,9a beging der Verfasser einen groben Anachronismus, denn nach neueren Dokumenten konnte Taharqa um 701 v.Chr. noch nicht Pharao gewesen sein und nicht einmal ein Heer angeführt haben[107]. Zwar haben Autoren die Geschichtlichkeit von 19,9a ohne weiteres vorausgesetzt und darauf gestützt die Theorie von zwei Palästinafeldzügen Sennacheribs ausgedacht, aber damit haben sie den Anachronismus nicht behoben[108].

V. Die Zeit und Umstände der Abfassung der Erzählungen

Das bisher über die Erzählungen Gesagte lässt keinen Zweifel daran, dass die erste Erzählung die Grunderzählung und somit älter ist als die zweite Erzählung, die nichts weiter ist als eine jüngere Ergänzung der Grunderzählung. Ferner ergibt sich aus der ersten Erzählung, dass der zeitliche Abstand ihrer Verfassung von den darin berichteten Ereignissen n i c h t g e r i n g gewesen sein kann. Dies zeigt schon allein die Tatsache, dass der erste Erzähler den Tod Sennacheribs, der in Wirklichkeit

---

[106] Für die Charakterisierung Taharqas siehe Janssen, «Que sait-on actuellement du Pharao Taharqa?», S. 41ff.

[107] Taharqa wurde erst um 690/89 gekrönt, war also um 701 noch nicht Pharao. Aus einer der 1949 veröffentlichten Stelen von Kawa in Nubien lässt sich schliessen, dass Taharqa im Jahr 701 v.Chr. wohl erst 9 Jahre alt war und noch gar nicht aus Kusch nach Unterägypten gekommen zu sein scheint. Vgl. Macadam, S. 28 (die Übersetzung der Stele No. V). Vgl. auch Janssen, «Que sait-on actuellement du Pharaon Taharqa?», S. 33; die Übersetzung der einschlägigen Zeilen 13-17 der Stele ebendort S. 29. Zur Frage siehe auch Bright, «Le probleme», S. 297f; ferner Bright, *History*, S. 297f.

[108] Vgl. unten, S. 62f.

zwanzig Jahre nach seinem Palästinafeldzug erfolgt ist, in einer Perspektive sieht, die den Abstand zwischen 701 und 681, seinem Todesjahr, verschwinden lässt; denn er erweckt im Leser den Eindruck, als ob Sennacherib kurz nach seiner Rückkehr aus Palästina nach Assyrien, also bald nach 701 zur Strafe für seine Frevel gegen Jerusalem und gegen Jahwe ermordet worden sei.

Andrerseits kann die Zeit, die zwischen dem Palästinafeldzug und der Abfassung der ersten Erzählung vergangen ist, nicht sehr lang gewesen sein, denn die nüchternen und teilweise wohl geschichtlichen Einzelheiten, die darin berichtet werden, deuten darauf hin, dass der Erzähler noch in lebendigem Kontakt mit den Ereignissen gestanden hat. Eine genauere Bestimmung ihrer Abfassungszeit ist allerdings schwierig, doch scheint die Tatsache, dass sie ein *Teil der Königsbücher* ist, einen Anhaltspunkt dafür zu bieten (vgl. unten S. 58). Dazu sind aber einige Erwägungen über die Königsbücher, oder besser gesagt über das Königsbuch vorauszuschicken, die zugleich auch eine Antwort auf die für unser Thema wichtige Frage nach dem konkreten Anlass zur Zusammenstellung des Königsbuches nahelegen werden.

1. Die Erzählung als Teil der Bücher der Könige. Die Bedeutung Josias nach dem Königsbuch

Die Bücher der Könige umspannen etwa vier Jahrhunderte, vom geeinten Reich Salomos im 10. Jahrh. v.Chr. über die zwei Jahrhunderte der getrennten Reiche bis zum Ende des Nordreiches Israel 721 v.Chr. und bis zum Untergang des Südreiches Juda und seiner Deportation im Jahre 586. Es folgen noch zwei kurze Berichte, der eine über die Ermordung des babylonischen Statthalters von Juda, der andere über die Begnadigung Jojakins um 561.

Als hoffnungsvoller Höhepunkt dieser langen, wechselvollen Geschichte wird der König Josia (640-609) herausgestellt. Seine besondere politische Bedeutung lag darin, dass er der erste König war, dem sich die Möglichkeit bot, das ehemalige Nordreich Israel, das assyrische Provinz war, wieder mit dem Südreich Juda zu vereinen und so als erster nach Salomo wieder ein Grossisrael zu schaffen. Josia hat diese Möglichkeit erkannt und auszunützen versucht, denn er durchschaute die zunehmende Schwäche des äusserlich gewaltigen Assyrerreiches, das sich allmählich das ganze ehemalige Nordreich Israel angegliedert hatte. Auch hatte Josia eine grosse religiöse Bedeutung, denn er führte eine tiefgreifende religiöse Reform durch.

Josia folgte, erst acht Jahre alt, im Jahr 640 [109] seinem heidnisch an-

---

[109] Josia starb 609, nachdem er 31 Jahre lang König gewesen war; er wurde demnach 640 König, begann aber mit acht Jahren nicht zu regieren. Die folgenden Zeitanga-

gesteckten Vater Amon als König von Juda (nach 2 Kön 22,1; 2 Chron 34,1). In seinem 16. Lebensjahr, also 632 v.Chr., begann er sich Jahwe, dem Gott seines Ahnherrn David zuzuwenden (vgl. 2 Chron 34,3a). Im Jahr 628 v.Chr. wurde er 20 Jahre alt, nahm nun offenbar die Zügel der Regierung in die Hand und begann in Jerusalem und in seinem Reich Juda gegen den Götzendienst vorzugehen (2 Chron 34,3b), den sein Grossvater Manasse sehr gefördert hatte. Im besonderen schaffte er die Kultgegenstände des «ganzen Sternenheeres des Himmels» aus dem Jahwetempel und verbrannte sie (2 Kön 23,5f). Da dies höchstwahrscheinlich die Abschaffung des assyrischen Staatskultes in Jerusalem war, erklärte Josia damit seine politische Unabhängigkeit. Josia konnte sich dies erlauben, da gerade um diese Zeit der assyrische König Assurbanipal starb (das genaue Jahr ist unsicher; etwa um 627) und nun die assyrische Grossmacht ihrem Ende entgegenging.

Mit seiner Religions- und Unabhängigkeitspolitik verband Josia auch das Bestreben, sein Reich auszudehnen; denn wohl bald begann er mit seiner religiösen Reform auch in die assyrische Provinz Samaria vorzustossen, also Gebiet des früheren Nordreiches Israel zu annektieren (2 Kön 23,6f; 2 Chron 34,6f). Besonders wichtig war ihm die Entweihung und Zerstörung des altehrwürdigen Heiligtums und Reichstempel von Bethel[110]. Dieses Jahweheiligtum genoss noch in der assyrischen Provinz Samaria hohes Ansehen, und darum muss seine Entweihung durch Josia den dortigen Jahweverehrern als gottloser Frevel erschienen sein und bei ihnen tiefe Entrüstung gegen den König von Juda hervorgerufen haben. Aber für Josia hatte sie grosse politische Bedeutung; denn Bethel lag nicht weit nördlich von Jerusalem, und der erste König des getrennten Nordreiches hatte das dortige Heiligtum mit dem für Jahwe errichteten goldenen Stierbild bewusst zum Rivalen gegen den Tempel von Jerusalem und gegen das Reich Juda gemacht. Dem König Josia von Juda schwebte aber offenbar bereits die Einheit zwischen Juda und Israel vor Augen. Damit hat er sich aber eine Aufgabe gestellt, bei der viele Schwierigkeiten zu überwinden waren. Dabei kam ihm aber das Deuteronomium als unerwartete mächtige Hilfe.

2. Josia und das Deuteronomium

Im 18. Königsjahr, als Josia 26 Jahre alt war, also im Jahr 622 v.Chr., wurde im Tempel ein unbekanntes Gesetzbuch gefunden, ohne

---

ben von 2 Chr 34 können als historisch angenommen werden; vgl. Wolff, «Bethel», S. 290, und de Vaux, «Israel», 756.

[110] Siehe Wolff, «Bethel», Nach S. 291 spreche sehr viel dafür, dass Josia Bethel zwischen 628 und 622, also vor der Auffindung des Gesetzbuches zerstören liess, nicht erst nachher, wie die Anordung in 2 Kön 23 nahezulegen scheint.

Zweifel das Urdeuteronomium. Es setzte wesentlich die Einheit des Volkes voraus; seine Grundsätze waren ein einziger Gott, ein einziger Tempel, also die Verwerfung jeder Form des Heidentums, und Zentralisierung des Gottesdienstes auf ein Heiligtum, in dem allein Jahwe Opfer dargebracht und das jährliche Passafest gefeiert werden durfte. Josia verstand unter dem darin oft genannten «Ort, den Jahwe sich erwählen wird», Jerusalem und seinen Tempel[111] und erkannte sofort, wie sehr dies Gottesgesetz seine religiöse und nationale Politik fördern könnte, und begrüsste es sofort als willkommenen Bundesgenossen. Es lag durchaus im Interesse seines ganzen Bestrebens, das ganze Volk zu bewegen, dieses Gesetzbuch anzuerkennen. Es fiel ihm leicht zu erreichen, dass seine Untergebenen von Jerusalem und von Juda sich darauf verpflichteten. Schwieriger war es, die Bewohner des ehemaligen Nordreiches zu gewinnen, aber nicht aussichtslos, da er dort bereits in das religiöse und politische Leben eingegriffen hatte.

Aber bis zur allgemeinen Anerkennung von Josias tiefeingreifender Politik, bis zur Durchsetzung seines Ideals von dem geeinten grossen Volk Jahwes und bis zur Verwirklichung einer straffen religiösen und nationalen Geschlossenheit Israels war noch ein weiter Weg, denn Josia stellte mit seinen Neuerungen harte Anforderungen. Nun durfte nämlich nicht mehr jede Familie ihre jährliche Passafeier, wie es bisher rechtmässige Sitte gewesen war, zu Hause abhalten; oder wer aus irgend einem Anlass Jahwe ein Opfer darbringen wollte, durfte dies nicht mehr nach alter Gewohnheit an der örtlichen Kultstätte Jahwes verrichten; vielmehr mussten von nun an alle Israeliten und jede Familie jedesmal den oft beschwerlichen Weg nach Jerusalem zurücklegen. Doch fand Josia auch jetzt wirkungsvolle Hilfe, und zwar von dem Verfasser des Königsbuches.

3. Die Verfassungszeit des Königsbuches

Es geht hier nicht darum, woher die einzelnen Elemente stammen, die der Verfasser im Königsbuch zusammengestellt und zielmässig aneinandergefügt hat; auch nicht darum, welche älteren Sammlungen er dabei etwa verwertet hat. Es steht zur Frage vielmehr, wann das Königsbuch im wesentlichen seine heutige Gestalt erhalten hat.

1. Fest steht, dass das Königsbuch *erst nach 622* v.Chr., als das Dt unter Josia gefunden wurde, entstanden ist; denn sein Verfasser steht ganz klar unter dem Einfluss des Dt und der religiösen Reform Josias[112].

---

[111] Im Dt wird «der Ort, den Jahwe erwählen wird», nie mit Namen genannt. Aber der Verfasser von 2 Kön 21,7 lässt Jahwe zu David und Salomo sagen: «In diesem Haus und in Jerusalem, das ich aus allen Stämmen Israels erwählt habe, will ich meinen Namen für immer wohnen lassen». Vgl. de Vaux, *Institutions,* S. 185.

[112] Dafür genüge der Hinweis auf Eissfeldt, S. 380, und auf de Vaux, *Livres des Rois,*

2. Das Königsbuch wurde noch in der Königszeit, *vor dem Exil* verfasst. R. de Vaux nennt mehrere Anzeichen dafür. a. Der Tempel steht noch und man sieht darin die Bundeslade «bis zum heutigen Tag» (1 Kön 8,8). b. Edom ist von der Vorherrschaft Judas befreit «bis zum heutigen Tag» (2 Kön 8,22). c. Die mehrmals wiederholte Verheissung an die Dynastie Davids setzt voraus, dass einer seiner Nachkommen noch auf dem Thron sitzt (1 Kön 11,13.33.36; 15,4; 2 Kön 8,19). d. Die Begeisterung, mit der die religiöse Reform Josias beschrieben wird, wäre schwer verständlich, wenn das Reich Juda, Jerusalem und der Tempel bereits untergegangen wären und wenn die Hoffnung, welche die Reform weckte, und die Vergeltungsthese des Verfassers eine so grausame Enttäuschung erfahren hätten.

Es ist schwerlich annehmbar, dass diese Anzeichen, besonders das letzte von der Vergeltung, das sogar den Aufbau des Buches so enge berührt [113], nicht der Redaktion des Buches, sondern den Quellen zuzuschreiben wären, die der Verfasser benützt hat. Aus dem Gesagten ergibt sich, dass eine erste Ausgabe des Königsbuches verfasst wurde zwischen der Entdeckung des Dt im Jahre 622 und der ersten Belagerung Jerusalems im Jahre 597 (2 Kön 24,10), mit der das Ende des Reiches Juda begann [114]. Folglich wurde die erste, die Hauptausgabe des Königsbuches innerhalb von 25 Jahren verfasst, entweder in den letzten 12 Jahren Josias oder in den 13 Jahren nach seinem Tod.

3. Es scheint sehr wahrscheinlich, dass der erste Redaktor die Hauptausgabe des Königsbuches *vor dem tragischen Tod Josias* verfasst

---

S. 15f. De Vaux hält ebendort S. 16 die Annahme eines «vordeuteronomischen» Königsbuches für eine unbeweisbare Hypothese.

[113] Die Vergeltungsthese liegt besonders den Bewertungen der Könige in den «Rahmenstücken» zugrunde. Eissfeldt, S. 380, sagt: Es «beherrschen diese Rahmenstücke so sehr den Gesamtaufbau unseres Buches, dass ihr Verfasser zugleich der Verfasser unseres Königsbuches überhaupt sein muss». Das Königsbuch hat seine Eigenart vor allem durch seine formelhaften «Rahmenstücke», die den Bericht über die einzelnen Könige einleiten und abschliessen. Davon sind besonders zu nennen: — 1) Die Angabe der Regierungsdauer und die synchronistische Datierung des Regierungsantrittes jedes israelitischen Königs nach dem Regierungsjahr des gleichzeitigen Königs von Juda, und jedes judäischen Königs nach dem König von Israel. — 2) Die Beurteilung jedes Königs als gut oder schlecht, je nach seinem Verhalten gegenüber dem ausserhalb des Tempels von Jerusalem geübten Kult. — 3) Der Hinweis auf die Annalen Salomos, auf die der Könige von Juda und auf jene der Könige von Israel als Quelle für weitere zu den oft spärlich gegebenen Nachrichten.

[114] So mit de Vaux, *Livres des Rois,* S. 15f. — Die erste Ausgabe des Königsbuches muss also in einer zweiten Ausgabe weitergeführt worden sein, und zwar vom Tode Josias (2 Kön 23,29) bis (nach de Vaux, ebendort, S. 16) zur zweiten Deportation Judas, deren Bericht in 2 Kön 25,21 ganz wie ein Abschluss aussieht. Diese zweite Ausgabe hat noch zwei kurze Anhänge (2 Kön 25,22-30) erhalten (siehe oben, S. 51). Sie erhielt auch andere Ergänzungen, etwa als sie zur Zeit des Exils in das deuteronomistische Geschichtswerk eingefügt wurde. Zur zweiten Ausgabe des Königsbuches vgl. auch Eissfeldt, S. 381.

hat und daher mit dem hohen Lob Josias in 2 Kön 23,25a abschloss [115]. Es lassen sich mehrere Anzeichen für diese Verfassungszeit anführen.

a. In 2 Kön 22,20 ist vom künftigen Tod Josias die Rede, was möglicherweise dafür spricht, dass Josia noch lebte, als das Königsbuch verfasst wurde [116]. «Täuscht das nicht, so müsste man annehmen, dass der eigentliche Verfasser unseres Buches, der von Josias Reform aufs stärkste beeindruckt war und ... bald danach an sein Werk gegangen ist», und zwar «kurz vor 609» [117].

b. In den «Rahmenstücken» beurteilt der Verfasser jeden König als gut oder schlecht. Nur von 8 Königen von Juda sagt er, dass sie taten, «was Jahwe wohlgefiel», also den Götzendienst nicht duldeten. Doch bei 6 dieser Könige fügt er die merkwürdig unpersönliche Bemerkung hinzu: «Jedoch die Höhenorte wurden nicht abgeschafft» [118]. Die «Höhenorte» meinen hier die örtlichen Jahwekultorte [119]. Der Verfasser tadelt damit den König nicht, da er ihn ja eben gelobt hat. Er konnte auch den örtlichen Jahwekult nicht tadeln, der seit Jahrhunderten als rechtmässig ausgeübt wurde. Jedoch drückt der Verfasser mit diesen Worten deutlich sein Missfallen an diesem Jahwekult aus. Dies konnte nur geschehen, als Josia diese Ortskulte Jahwes, nach der Anerkennung des dt Gesetzes vom einzigen Kultort, im Jahr 622 zugunsten des Tempels von Jerusalem abzuschaffen sich bemühte. Die Missbilligung, womit der Verfasser des Königsbuches offenbar die örtlichen Jahwekultorte bekämpfte, hatte aber nur Sinn zu Lebzeiten Josias; denn nach dem Tod Josias waren nicht Jahwehöhen, sondern Götzenhöhen zu bekämpfen.

c. Für die Abfassung des ursprünglichen Königsbuches zu Lebzeiten Josias scheint auch zu sprechen, dass das abschliessende Rahmenstück zu Josia (2 Kön 23,28) bereits geschrieben war, als der Bericht von seinem Tod (23,29f) hinzugefügt wurde.

4. Die konkrete Absicht des Hauptverfassers des Königsbuches

Der Verfasser der ersten Ausgabe des Königsbuches berichtet zwar durchlaufend über die ganze Zeit von Salomo an bis zur Reform Josias,

---

[115] So de Vaux, *Livres des Rois,* S. 16. Doch könnte die erste Ausgabe mit dem Rahmenstück V.28 geendet haben, also 2 Kön 23,25a.28. Das ursprüngliche Königsbuch begann etwa 1 Kön 3. Der genaue Anfang ist etwas verwischt. Vgl. Eissfeldt, S. 179 Mitte und S. 399 unten.

[116] Vgl. de Vaux, *Livres des Rois,* S. 16, und Eissfeldt, S. 381.

[117] Ebendort. Die Gründe für die Ansetzung des Buches zu Lebzeiten Josias berechtigen dazu, die Angabe der Regierungsdauer Josias von 31 Jahren in 2 Kön 22,1aβ der zweiten Ausgabe zuzuschreiben.

[118] 1 Kön 3,3; 15,11; 22,41; 2 Kön 12,4; 14,4; 15,35.

[119] Siehe oben S. 3.

hatte aber nicht die Absicht, bloss die Erinnerung an die wichtigsten Ereignisse dieser Zeit festzuhalten. Auch wollte er offensichtlich nicht ein eigentliches Geschichtswerk im modernen Sinn schreiben, weder die politischen und religiösen Gesamtleistungen der einzelnen Könige, noch allgemein ihre Grosstaten und Rückschläge berichten. So widmet er z.B. dem Omri (884-873), einem der tüchtigsten Könige Israels, ausser den 5 Versen Rahmenstücken nur einen einzigen Vers über seine Gründung der Hauptstadt Samaria (1 Kön 16,24), und doch nannten die Assyrer das Reich Israel noch lange nach ihm «Bīt Ḫumrī» (Haus Omris)[120]. Vielmehr wollte der Verfasser des Königsbuches, wie eben gesagt, durch seine Missbilligung der örtlichen Jahwekultorte diese Heiligtümer offenbar bekämpfen und war folglich bemüht, die Zentralisierung des Kultes durch Josia zu unterstützen.

Es scheint sogar manches dafür zu sprechen, dass er durch die Abfassung seines Werkes überhaupt zur Verwirklichung von Josias ganzer religiösen und nationalen Politik aktiv beitragen wollte, also zum Kult des einzigen Gottes im Tempel von Jerusalem als einzigem Heiligtum Jahwes und zur Schaffung eines einzigen Volkes aus Juda und Nordisrael, das sich seiner Zusammengehörigkeit bewusst ist, unter einem davidischen König mit Jerusalem als religiösem und politischen Mittelpunkt.

> Diese Absicht des Hauptverfassers, die nicht notwendig als seine einzige Absicht verstanden werden muss, ist genau zu unterscheiden von der Absicht der Männer, die aus einer ganz anderen Situation heraus Nachträge einfügten, besonders jener, die das Königsbuch in das deuteronomistische Geschichtswerk aufnahmen; sie sahen die Geschichte der Könige verdunkelt durch den Untergang von Samaria und von Juda und konnten durch wenige Worte das Königsbuch zu einem umfassenden Schuldbekenntnis[121] oder zur Aufforderung zur Bekehrung und zur Hoffnung auf eine neue Hilfe Jahwes und auf eine neue Zukunft des Volkes umwandeln, die nicht am Ende des dtr Geschichtswerkes, sondern im Werk selber ausgedrückt waren[122].

Gründe dafür, dass der Verfasser sein Königsbuch als Beitrag zur Verwirklichung des Ideals des Königs Josia geschrieben hat, können hier nur in grossen Zügen angedeutet werden.

1) Der Verfasser der ersten Ausgabe des Königsbuches empfiehlt die politische Einigung von Juda und Nordisrael durch die Beschreibung der Macht, des Reichtums und des Wohlergehens des unter Salomo geeinten Reiches. — Er betont ihre Zusammengehörigkeit, indem er über

---

[120] In den Jahren 841, 806 und 732; vgl. Galling, S. 51, 54 und 57.
[121] Von Rad, S. 349f.
[122] Vgl. Wolff, «Kerygma», S. 171-186.

alle Könige Judas und Israels abwechselnd berichtet. — Er legt Nachdruck auf dieses Zusammengehören dadurch, dass er den Regierungsbeginn jedes Königs synchronistisch datiert, bei den judäischen Königen nach dem Regierungsjahr des zeitgenössischen israelitischen Königs und bei den Königen von Israel nach dem Jahr des regierenden Königs von Juda. — Er macht die Einheit des ganzen Volkes deutlich, indem er sowohl den nordisraelitischen Erzählungszyklus über Elia und Elisa als auch den judäischen Erzählungskomplex über Jesaia in sein Werk aufnimmt und dadurch als Eigentum des ganzen Volkes kennzeichnet.

2) Dem Tempel von Jerusalem, der das gemeinsame Heiligtum sein soll, schenkt er ständig seine besondere Aufmerksamkeit. Er beschreibt seine Teile und seine Pracht ausführlich (1 Kön 5–7), auch seine feierliche Weihe und Besitzergreifung durch Jahwe (1 Kön 8). Von dem Feldzug des Pharao Sisak durch ganz Palästina erwähnt er nur die Plünderung des Tempels von Jerusalem (1 Kön 14,25-28). Ausführlich zählt er die Massnahmen des Joas zugunsten des Tempels auf (2 Kön 12,5-17), aber übergeht auch nicht die Leerung des Tempelschatzes durch Hazael von Damaskus (2 Kön 18,18-19), nicht die Änderungen im Tempel durch Achaz unter assyrischem Einfluss (2 Kön 16,10-18) und nicht einmal die gotteslästerliche Entweihung des Tempels durch Manasse (2 Kön 21,4-7). Schliesslich nennt er die Ausbesserung und Reinigung des Tempels durch Josia (2 Kön 22,4-7; 23,4.6f.11f), seine Entweihung und Zerstörung des Heiligtums in Bethel (2 Kön 23,4.15.19), des gefährlichsten Rivalen des jerusalemer Tempels, dem Josia die ausschliessliche Vorrangstellung verlieh (vgl. oben und 2 Kön 23,8a.9).

3) Die Entweihung und Zerstörung des Heiligtums von Bethel durch Josia muss, wie gesagt[123], den Jahweverehrern von Samaria als gottloser Frevel erschienen sein und sie von dem Bestreben Josias eher abgeschreckt haben. Darum hat der Verfasser des Königsbuches diese Tat Josias gerechtfertigt. Zu diesem Zweck nahm er in sein Werk eine ältere Erzählung auf, wonach ein Gottesmann dem Jeroboam I., der das Heiligtum von Bethel zum Gegenaltar von Jerusalem gemacht hatte, die Entweihung und Zerstörung des Altares von Bethel im Auftrag Jahwes mit einer Wundertat voraussagte[124]. Dabei hat der Verfasser des Königsbuches diese Prophezeiung ausdrücklich auf einen Davididen bezogen, indem er in die alte Vorhersage an den Altar 23,2aα und 2bβ die für ihn wichtigen Worte einschob: «So hat Jahwe gesprochen: [Einst wird dem Hause Davids ein Sohn geboren namens Josia; der wird auf dir die

[123] Siehe oben S. 52.
[124] 1 Kön 12,33; 13,1-34.

Höhenpriester schlachten, die auf dir räuchern, und] Menschengebeine wird man auf dir verbrennen»[125]. In 2 Kön 23,16-18 hat der Verfasser die Erfüllung der eingeschobenen Worte ausdrücklich betont und das Vorgehen Josias in Bethel als Jahwes Befehl gerechtfertigt[126].

4) Der Verfasser des Königsbuches bemüht sich, wie Josia die Verehrung des einzigen Gottes zu fördern. Er sucht zu zeigen, wie die Treue gegen Jahwe belohnt und die götzendienerische Untreue bestraft wurde. Aus dem Material, das ihm über die einzelnen Könige zur Verfügung stand, wählt er bei den treuen Königen besonders jene Ereignisse aus, durch die sie belohnt wurden, und bei den untreuen Königen übergeht er womöglich, was zu ihren Gunsten sprechen könnte, vgl. oben Omri. Er unterstreicht die Beweiskraft seiner Berichte durch seine persönliche Bewertung der einzelnen Könige in den Rahmenstücken.

5) Der eigentliche Verfasser unseres Buches war ein Mann, der von Josias Reform «aufs stärkste beeindruckt war und in ihr das schlechthin entscheidende Ereignis in Israels Geschichte sah»[127]. Er berichtet in 2 Kön 22–23 ausführlich über diese religiöse Reform, der er «höchste Wichtigkeit beimass» und die er darstellt als den «Höhepunkt der Geschichte, die er erzählt»[128]. So ist es durchaus verständlich, dass dieser Mann der Gottergebenheit und der Gesetzestreue Josias voll Bewunderung das grösste Lob spendete (2 Kön 23,25a) und für das Gelingen von Josias Werk durch Abfassung des Königsbuches sein ganzes Können einsetzte. Dass er dabei Jerusalem, den Mittelpunkt des erhofften Grossreiches, sowie seine Schicksale und seine Bedeutung immer wieder nennt, passt ausgezeichnet zu dem, was hier als sein Ziel befürwortet wird. Es braucht nicht erst gezeigt zu werden, dass der ältere Teil der Erzählung von der unerwarteten Befreiung des belagerten Jerusalem in 2 Kön 18,17-37; 19,1-7.36f für dieses Ziel wirksam war.

Damit kommen wir endlich zurück auf den Anfang dieses Kapitels (oben S. 16). Da das Königsbuch wohl nicht lange vor 609, dem Todesjahr Josias, verfasst wurde und die 1. Erzählung von 2 Kön 18–19 weder geringe noch lange Zeit nach den Ereignissen von 701 v.Chr. entstanden sein kann, scheint sie nicht einmal hundert Jahre danach geschrieben worden zu sein.

Noch hypothetischer ist die zeitliche Ansetzung der 2. Erzählung. Besonders das darin enthaltene Gebet Hiskias in 2 Kön 19,15-19 enthält Anzeichen für die Periode, in der es entstanden ist. Das Gebet betont nämlich die Einzigkeit Gottes und die Nichtigkeit der Fremdgötter und spricht den

125 Vgl. Noth, S. 292.

126 Sowohl 1 Kön 13,2aα.bβ als auch 2 Kön 23,16-18 sind ex eventu beeinflusst. Vgl. de Vaux, *Livres des Rois*, S. 88, Anm. b zu 1 Kön 3,32.

127 Eissfeldt, S. 381.

128 De Vaux, *Livres des Rois*, S. 9 und 14.

Wunsch aus, dass alle Völker diese Einzigkeit Gottes erkennen mögen. Aber dieser Glaube und dieser Wunsch wurde emphatisch erst von Ezechiel und besonders von Deuterojesaia ausgesprochen und verbreitet[129]. Da der 2. Erzähler demnach frühestens gegen Ende des Exils, also mindestens 70 Jahre nach dem 1. Erzähler geschrieben hat, hat er sehr lange nach den beschriebenen Ereignissen von 701 v.Chr. gelebt, und es konnte ihm leicht ein Anachronismus unterlaufen. Er hatte offenbar nur eine etwas unbestimmte Vorstellung von der Regierungszeit des grossen Herrschers Tirhaqa. Der grosse zeitliche Abstand gestattete es ihm auch, mit Hilfe der Aussage von der plötzlichen Vernichtung des assyrischen Heeres sogar die geschichtlich sichere Einschliessung Jerusalems in Abrede zu stellen[130].

[129] Vgl. Eichrodt, 2, S. 244; Fohrer, S. 174, Anm. 19; Childs, S. 100.
[130] Siehe oben S. 48 und Anm. 102.

KAPITEL 3

Die Ereignisse bei der Belagerung und Befreiung Jerusalems

I. Die kritische Benützung der Quellen

Es wurde in Kap. 2 gezeigt, dass uns über die Belagerung und Befreiung Jerusalems drei Quellen zur Verfügung stehen, dass aber diese Quellen ganz unterschiedlicher Art sind. Jede von ihnen berichter nur das, was ihrem Zweck entspricht. So werden manche Ereignisse und Umstände nur in je einer der Quellen erwähnt. Dies erschwert in hohen Grad die Erkenntnis des Zusammenhanges des ganzen Geschehens. Es fragt sich, wo jedes Element chronologisch und sachlich einzuordnen ist. Es ist deshalb nicht zu verwundern, dass der Krieg Sennacheribs gegen Jerusalem und seinen König auf verschiedene Weisen dargestellt werden. Hier seien zwei abzulehnende Auffassungen genannt.

Einige Erklärer nehmen an, dass die Textfolge des nüchternen Kurzberichtes 2 Kön 18,13-16 und der langen erbaulichen Erzählung 18,17ff historisch sei. Darum habe Sennacherib nach der Eroberung der Städte Judas die Unterwerfung Hiskias ohne Übergabe von Jerusalem angenommen (18,13-16). Dann aber habe der Assyrer seine Zugeständnisse bereut, sein Wort gebrochen und den in 18,17ff beschriebenen Versuch gemacht, Jerusalem zu erobern [1]. Rud. Kittel hat sogar keinen Zweifel darüber, dass der Redaktor der Königsbücher die Texte 18,13-16 und 18,17ff in zeitlicher Folge verstanden habe [2]. Doch beachtet diese Auffassung nicht, wie grundverschieden die beiden Quellen voneinander sind. Sehr wahrscheinlich ist die Annahme, dass der Verfasser-Redaktor der Königsbücher den knappen Bericht wegen seiner Kürze voranstellte und die lange Prophetenerzählung folgen liess.

Im Gefolge von W.F. Albright [3] nimmt J. Bright [4] zwei Feldzüge

---

[1] Scharbert, vgl. oben S. 43, Anm. 87.

[2] Kittel, S. 554. Er sagt vom Redaktor der Königsbücher, es sei «kein Zweifel, dass er eine z e i t l i c h e F o l g e dachte». Es müsse «ihm sogar ... selbstverständlich erschienen sein ...».

[3] Zum erstenmal in *JQR* 24 (1934) 370f; dann wieder in *BASOR* 130 (1953) 8-11 und 141 (1956) 25f.

[4] Bright, *History*, S. 296-308.

Sennacheribs gegen Palästina an, nämlich den wohlbekannten von 701 v.Chr. und einen rein hypothetischen aus späterer Zeit. Der erste Feldzug sei für Juda schlecht ausgegangen, wie die Annalen Sennacheribs und der Kurzbericht 18,13-16 zeigten. Dagegen sei der zweite Feldzug, den Sennacherib später unternommen habe, für Juda glücklich geendet, wie aus der langen Erzählung 18,17ff ersichtlich sei. Da ein solcher zweiter Feldzug Sennacheribs ganz unbekannt ist, sucht ihn Bright zu begründen aus 2 Kön 19,9, wonach der Pharao Tirhaqa gegen Sennacherib nach Palästina zum Kampf gezogen sei. Da Tirhaqa nach neueren Dokumenten [5] um 701 v.Chr. wohl erst 9 Jahre alt war und noch nicht aus Kusch nach Unterägypten gekommen war, konnte er damals auch nicht als General ein Heer nach Palästina führen; und da er erst um 690/89 Pharao wurde, habe er erst um 688 zum Kampf gegen Sennacherib nach Palästina ziehen können und sei nach 2 Kön 19,9 auch tatsächlich gezogen. Diese ganze Beweisführung gründet also darauf, dass sie die Aussage von 19,9 ohne weiteres als geschichtlich annimmt [6]. Um diese Geschichtlichkeit zu retten, wurde die Hypothese von zwei Feldzügen ausgedacht.

Es ist also nicht leicht, den Bericht der Annalen Sennacheribs und den Kurzbericht von 2 Kön 18,13-16 sowie den Grundbestand der langen Erzählung in 2 Kön 18,17 – 19,7.36f richtig miteinander zu verbinden. Wenn man aber die Eigenart jeder dieser drei Quellen genau beachtet, lässt sich der wirkliche Verlauf dieses in der Geschichte Jerusalems wichtigen Ereignisses doch mit guter Wahrscheinlichkeit bestimmen. Es geht dabei darum, die zeitliche Beziehung zwischen den drei genannten Quellen zu untersuchen. Zu diesem Zweck sei hier ganz knapp zusammengefasst, was jede von ihnen über den Krieg gegen Hiskia ausspricht. — 1) Die Annalen Sennacheribs berichten: Sennacherib eroberte und plünderte das Land Juda und führte viele seiner Bewohner in Gefangenschaft. Dann schloss er Jerusalem ein, bis seine Verteidigungstruppen sich weigerten zu kämpfen und Hiskia sich ihm unterwarf. Schliesslich musste Hiskia ihm eine schwere Abgabe nach Ninive nachbringen und ihm durch einen Gesandten huldigen. — 2) Der Kurzbericht von 2 Kön 18,13-16 sagt: Sennacherib eroberte alle festen Städte Judas; Hiskia schickte eine Gesandtschaft an Sennacherib nach Lakisch, unterwarf sich, brachte die schwere, ihm auferlegte Abgabe zusammen und gab sie dem König von

---

[5] Vgl. oben, S. 50, Anm. 107.

[6] Bright, «Problème», S. 23 schreibt: «si l'on prend sérieusement le contenu de 18/17 – 19/37 comme le rappel d'événements historiques», was nach dem Zusammenhang bedeutet, dass Bright diese lange Erzählung für geschichtlich hält. In seiner *History,* S. 298, sagt er, dass diese zwei Erzählungen «show evidence of a remarkably good historical memory. This is emphatically true of Account A», d.h. von 18,17 zu 19,9.36f. Dazu zählt er also auch 19,9a vom Feldzug Tirhaqas, setzt folglich dessen Geschichtlichkeit voraus, die gerade in Frage steht und zu beweisen wäre.

Assyrien. — 3) Die ursprüngliche Prophetenerzählung von 2 Kön 18,17 beschreibt die Ankunft der assyrischen Würdenträger und eines grossen Heeres vor Jerusalem, die vergeblichen Verhandlungen um die Übergabe der Stadt und schliesslich den unerwarteten Abzug Sennacheribs.

Nun gilt es, diese drei unvollständigen Berichte einander zuzuordnen. Es ist leicht, den Kurzbericht mit dem Bericht Sennacheribs zu verbinden; denn beide nennen die Unterwerfung und die Tributzahlung Hiskias. Der Kurzbericht erwähnt die Belagerung; vielleicht wurde ihre Erwähnung ausgelassen aus einem der oben S. 24 genannten Gründe. Der assyrische Bericht verschweigt und verschleiert die Tatsache, dass Jerusalem nicht eingenommen wurde. Schwieriger ist es, die beiden eben genannten Quellen mit der Prophetenerzählung zusammenzuordnen. Diese Erzählung spricht zwar von der Ankunft eines grossen Heeres vor Jerusalem und von der drohenden Belagerung, aber weder von der Belagerung selbst noch von der Unterwerfung und Tributzahlung Hiskias, wohl aber davon, dass Jesaja den Misserfolg und den Abzug Sennacheribs vorausgesagt habe. Diese Auswahl der Erzählers hängt ab von seinem Ziel, den besonderen Schutz Gottes hervorzuheben, den Jerusalem durch Bewahrung vor einer furchtbaren Eroberung erfuhr.

Trotz dieser Lücken, die jede der Quellen aus ihren besonderen Gründen aufweist, ergibt sich klar die Reihenfolge ihrer einzelnen Elemente; denn die lange Erzählung, soweit sie auf historische Tatsachen zurückgeht, und der Kurzbericht sowie die Annalen Sennacheribs laufen nebeneinander her und greifen chronologisch ineinander ein. Folgende Reihenfolge der Ereignisse legt sich ohne weiteres nahe, ist verständlich und durchaus plausibel:

1) Erzählung: Ein assyrisches Heer zog vor Jerusalem, seine Führer forderten die Übergabe der Stadt, die Hiskia offenbar verweigerte, und die Assyrer begannen die angedrohte Einschliessung der Stadt.

2) Annalen: Die Stadt ist eingeschlossen, und die Truppen Hiskias verweigerten den Kampf, so dass Hiskia nichts übrig blieb, als sich zu unterwerfen.

3) Kurzbericht: Hiskia sandte Boten nach Lakisch an Sennacherib und bot seine Unterwerfung an, wenn der Assyrer von ihm ablasse. Sennacherib nahm offenbar die Unterwerfung und Bedingung an, aber legte dem Hiskia einen schweren Tribut auf.

4) Erzählung: Sennacherib zog ab und kehrte nach Ninive zurück, und Jerusalem war befreit.

5) Kurzbericht: Hiskia raffte den ihm auferlegten Tribut zusammen und zahlte ihn.

6) Annalen: Und zwar liess Hiskia den Tribut hinter Sennacherib her nach Ninive bringen und ihm durch seinen Gesandten huldigen.

II. Der Verlauf der Belagerung Jerusalems und Hiskias Verhalten

Aus dem kritischen Vergleich der drei erwähnten Quellen ergab sich mit grosser Wahrscheinlichkeit der eben angedeutete Verlauf der Belagerung Jerusalems durch Sennacherib. Im folgenden wird nun auf mehrere Einzelheiten dieses Geschehens eingegangen und das Verhalten Hiskias hervorgehoben. Es wurde schon oben S. 5 hingewiesen auf das grosse Vertrauen, das Hiskia laut 2 Kön 18,5 auf Jahwe setzte.

Seine Festigkeit und sein Gottvertrauen hatten sich schon während des ganzen Feldzuges Sennacheribs nach Phönizien und Palästina gezeigt. Als nach den ersten Siegen Sennacheribs über eine Reihe phönizischer Städte das ganze übrige Phönizien und die abtrünnigen Könige von Ammon, Moab, Edom und der Philisterstadt Ašdod sich dem Grosskönig unterwarfen, brach die ganze antiassyrische Liga zusammen. Nur die beiden philistäischen Stadtstaaten von Ašqalon und Eqron sowie das kleine Reich Juda unter Hiskia boten ihm die Stirn.

Aber auch nachdem der König von Assyrien diese beiden Philisterstädte erobert und hart bestraft und das ägyptische Entsatzheer geschlagen und damit die Hoffnung der Rebellen auf Ägypten vernichtet hatte und Juda allein und ohne menschliche Hilfe übrig blieb, gab Hiskia im Vertrauen auf Jahwe nicht nach. Selbst als die Assyrer vor den Augen der Nachbarvölker, die sich klugerweise ergeben hatten und deshalb verschont worden waren, alle festen Städte und zahlreiche Ortschaften Judas erobert, das Land ausgeraubt und sehr viele Judäer deportiert hatte und Hiskia sich einsam und von allen abgeschnitten dem siegreichen Assyrerheer gegenüber sah, blieb er unerschütterlich. Er wankte auch nicht, als ihm Sennacherib in Jerusalem einschloss. Es könnte als Wahnwitz erscheinen, dass das kleine Reich Juda dem assyrischen Koloss Trotz bot, aber Hiskia hielt unentwegt am Vertrauen auf Jahwe fest, dem er treu gedient zu haben glaubte. Er war fest überzeugt, dass Jahwe, dessen Verehrung er so nachdrücklich gefördert hatte, ihm schliesslich doch helfen müsse und helfen werde. Seine Tragik lag darin, dass er offenbar nicht einsah und sich nicht eingestand, dass er dem Willen Jahwes, den ihm der Prophet Jesaja eindringlich verkündet hatte [7], nicht gehorchte, sondern ein Bündnis mit dem heidnischen Ägypten abschloss und seinen dem assyrischen König im Namen Jahwes geschworenen Treueid [8] brach. Hiskia musste dies büssen und dafür Sühne leisten.

Als Sennacherib sich bei der mächtigen Festung Lakisch befand, die er entweder noch belagerte oder bereits eingenommen hatte, schickte er ein starkes Heer gegen Jerusalem, um es zu erobern. Die Heerführer such-

---

[7] Vgl. oben S. 5-7.
[8] Vgl. oben S. 3, Anm. 12.

ten Hiskia und die Besatzung mit Drohungen und Versprechen zur Übergabe der Stadt zu bewegen, doch Hiskias Widerstand blieb auch jetzt ungebrochen. So begann die Belagerung Jerusalems [9]. Die Annalen Sennacheribs beschreiben sie ausdrücklich. Doch ist es wichtig zu beachten, dass das Wort «Belagerung» zweierlei bedeuten kann, entweder die blosse Einschliessung einer Festung, oder ihre Einschliessung verbunden mit gewaltsamen Angriffen. So beschreiben die Annalen Kol. III, Z. 18-23 die Bestürmung der judäischen Festungen: ich belagerte sie (*alme*) und eroberte sie (*akšud*) durck Angriffsdämme (*arammē*) und mit Sturmböcken (*šupî*), durch Einsatz von Fussvolk (*zūk šēpē*), durch Unterminierungen (*pilsī*), Breschen (*niksī*) und Sturmleitern(?) (*kalbannāte*).

Ganz anders beschreiben die Annalen in Kol. III, Z. 27-30 die Belagerung von Jerusalem: ich schloss Hiskia in seiner Residenz ein (*ēsiršu*), legte Schanzen gegen ihn an (*bīrāti elīšu urakkis*) und machte ihm das Hinausgehen aus seinem Stadttor unmöglich (wörtlich: zum Ekel) [10]. Die Annalen sprechen hier nicht von Angriffsdämmen (*arammē*), sondern von *bīrāti* d.h. von Schanzen, Befestigungen, Zernierungswerken. Die Gestalt und der Zweck dieser «Schanzen» werden klar aus den Worten, mit denen H. Waschow [11] die Geschichte der Einschliessung einer feindlichen Stadt beschreibt:

> «Anfangs war man in allen Gebieten der Erde nicht in der Lage, eine Festung mit Gewalt zu nehmen. Man musste sie entweder aushungern oder versuchen, durch Verrat in die Hände zu bekommen. Auch späterhin blieb die Blockade immer noch die sicherste, wenn auch langwierigste Methode.» Zuerst wurde die Festung nur «mit einer einfachen oder mehrfachen Postenkette umstellt, deren Ablösung aus befestigten Feldlagern erfolgt». «Auch die Assyrer, die zuerst den gewaltsamen Angriff auf Festungen mit Erfolg versucht und durchgebildet haben, mussten sich in Fällen, wo die natürliche Geländebeschaffenheit die feindliche Stadt fast uneinnehmbar machte, mit der Blockade begnügen.» Als Beispiel nennt Warschow «die Belagerung der ausserordentlich starken Festung Jerusalem» durch Sennacherib, der die Stadt einschloss. «Ebenso beschränkte sich Asarhaddon (um 675 v.Chr.) bei der Belagerung der schwer zugänglichen Stadt Tyrus auf eine Einschliessung: "Schanzen legte ich gegen ihn (den König von Tyrus) an (*bīrāti elīšu urakkis*) und schnitt Brot und Wasser, ihren Lebensunterhalt, ab"» [12].

---

[9] Clements, S. 13, «it is evident that there was no full-scale siege of the city, although the preparations were made for one. Jerusalem was isolated by means of an earthen defence-wall, and Sennacherib controlled all access to the city and egress from it».

[10] D.J. Wiseman (*DOT*, S. 67), übersetzt diese Worte folgendermassen: «I put watch-posts strictly around it, and turned back to his disaster any who went out of the city gate». Die Anmerkung dazu auf S. 68 bemerkt: «watch-posts 'strictly around it' indicates a close blockade rather than a military assault on the city».

[11] Waschow, S. 23 und 25.

[12] Borger, *Inschriften*, S. 112.

Die Annalen Asarhaddons gebrauchen bei Tyrus die gleichen Worte wie Sennacherib bei Jerusalem: *bīrāti elīšu urakkis*. Diese Schanzen waren kaum auf der Felseninsel angelegt, auf der Tyrus lag, sondern auf dem Festland, Tyrus gegenüber, und sollten die Bewohner von Tyrus hindern, zu ihren Gärten und Äckern und zu ihrer Quelle zu gelangen. Mit Hilfe solcher befestigter Lager oder Feldbefestigungen scheint auch Sennacherib Jerusalem eingeschlossen und überwacht zu haben. Das Schweigen der Annalen über gewaltsame Angriffe auf Jerusalem bedeutet wohl, dass die Belagerung nicht über eine blosse Blockade hinausging [13] und das assyrische Heer beabsichtigte, Jerusalem auszuhungern, wie Asarhaddon bei Tyrus und später Nabukodonosor bei Jerusalem, was eine lange Zeit gekostet hätte.

Doch scheint die Umklammerung Jerusalems nicht sehr lange gedauert zu haben, denn Sennacherib sagt in Kol. III, Z. 37-40: «Jenen Hiskia aber warf die Furcht vor dem Glanz meiner Herrschaft nieder. Die Urbi und seine Elitetruppen, die er zur Verstärkung seiner Residenz Jerusalem hineingebracht hatte, verweigerten den Dienst (?)». Die Annalen spechen hier zuerst von der Furcht Hiskias und von seiner Unterwerfung, die sie bewirkte, und dann von der Furcht der Truppen und ihrer daraus folgenden Mutlosigkeit. Tatsächlich scheint die Furcht den Kampfwillen der Truppen gelähmt und erst dies die Furcht und die Unterwerfung Hiskias verursacht zu haben.

Besonders wichtig sind die Aussagen über die Verteidigungstruppen, deren Verhalten schliesslich ausschlaggebend war. Leider ist der genaue Sinn gerade jener Worte unsicher. Sie wurden hier übersetzt: «sie verweigerten den Dienst». Der assyrische Text lautet in Kol. III, Z. 41: «*ir-šu-ú* BAD-*la-a-ti*» [14]. Das Zeichen BAD kann als *til* oder *baṭ* gelesen werden. Wenn es *til* bedeutet, lautet der Text: *iršû tillāti*. Als Sinn dieser Worte wird vermutet: «(seine Elitetruppen) hatte er als Hilfstruppen angenommen». Diese Übersetzung wurde übernommen von E. Ebeling [15] und von R. Borger [16], aber die Aussage: «er hat seine Elitetruppen ... als Hilfstruppen angenommen» ist sehr merkwürdig und dürfte kaum wahrscheinlich sein [17].

---

[13] Es wäre allerdings auch denkbar, wenn auch wenig wahrscheinlich, dass die Annalen Sennacheribs gewaltsame Angriffe auf Jerusalem verschwiegen haben, um die Aufmerksamkeit nicht auf das Fehlen der Einnahme Jerusalems zu lenken.

[14] Nach Borger, *Lesestücke*, S. 75 und Kommentar dazu S. 136.

[15] *AOT*, S. 354.

[16] Borger bei Galling, S. 69. – Mehr den Versuch einer freien Wiedergabe als einer Übersetzung der Lesung *iršû tillāti* scheint D.J. Wiseman zu geben (*DOT*, S. 67): die Truppen «which he had brought in to strengthen Jerusalem, his royal city, and had obtained for his protection».

[17] Infolge dieser Übersetzung haben Ebeling (*AOT*, S. 354) und Borger (*TGI*, S. 69) die Zeilen 37-48 in einer schwer glaubhaften Weise miteinander verbunden. Text in Umschrift nach Borger, *Lesestücke*, S. 75:

Wenn hingegen das Zeichen BAD hier für *baṭ* steht, sind die Worte zu lesen «*iršû baṭlāti*». Der Sg. *baṭiltu* «das Aufhören» ist gut bekannt, aber sein Pl. *baṭlāti* ist sonst nicht belegt. Die Ausdrucksweise ist gewiss eigenartig und nicht leicht zu übersetzen; trotzdem wird diese Lesung von mehreren Assyriologen angenommen. Es handelt sich um die Verteidigungstruppen Hiskias in Jerusalem. C. Bezold übersetzt in KB II, S. 95: sie «streckten die Waffen (?)». Luckenbill: «(they) deserted him (lit. took leave)»[18] oder «(they) ran away (took leave)»[19]. Auch A. Leo Oppenheim übersetzt: «(they) deserted him»[20]. Das Chicago Assyrian Dictionary gibt den Satz wieder mit den Worten: «(they) put a stop (to their service)», also «sie ver-

---

«[37] Jener Hiskia, [38] die Furcht vor dem Glanz meiner Herrschaft warf ihn nieder (*is-hu-pu-šu-ma*). [39] Er liess die Urbi und (*ù*) seine Elitetruppen, die (*ša*) er zur Verstärkung [40] seiner Residenz Jerusalem hineingebracht (*ú-še-ri-bu-ma*) [41] und (!) als Hilfstruppen angenommen hatte, zusammen mit (*it-ti*) 30 Talenten Gold, [42] 800 Talenten Silber ... [46] sowie (*ù*) seinen Töchtern, Palastdamen, Sängern (und) [47] Sängerinnen nach meiner Residenzstadt Ninive [48] hinter mir her bringen (*ú-še-bi-lam-ma*). Um zu übergeben (*a-na na-dan*) (seine) Abgabe [49] und (*ù*) mir zu huldigen, schickte er (*iš-pu-ra*) seinen Gesandten.»

Bei diesem Textverständnis enthält der Abschnitt der Zeilen 37-49 drei Hauptverben, deren Subjekt Hiskia ist: 1) Hiskia — die Furcht warf ihn nieder; 2) er liess hinter mir her bringen; 3) er schickte seinen Gesandten. Das zweite dieser Verben hat eine lange Reihe von Objekten: er liess hinter mir her bringen a) die Urbi und seine Elitetruppen, b) Gold, Silber und eine lange Reihe von Beutestücken, c) Personen des königlichen Hofes. Die Beutestücke (b) und die Personen (c) sind sicher (Objekte des zweiten Verbes). Aber es ist ganz unwahrscheinlich, dass Sennacherib alle Verteidigungstruppen Jerusalems nach Ninive bringen liess. Vielmehr beginnt mit *it-ti* in Z. 41 ein neuer Satz. Dies wird bekräftigt durch die Art, wie die Beutestücke und die verschiedenen Arten von Gefangenen aufgezählt werden im Rassam-Zylinder, der bereits im Jahr 700 geschrieben wurde und der für die späteren Beschreibungen des Feldzuges von 701 massgebend wurde (vgl. oben S. 16 und Anm. 1). Dieser Teil des Textes des Rassam-Zylinders findet sich bei Luckenbill, *Annals*, II, S. 60-61.

Von den zwei Möglichkeiten ergab sich als wahrscheinlicher die Lesung *iršû baṭlāti*, die nach der Mutlosigkeit Hiskias in Z. 38 die Mutlosigkeit seiner Truppen in Z. 41 als Hauptsatz ausdrücken. Das *-ma* am Verb des Relativsatzes in Z. 40 bedeutet also nicht sätzeverbindend «und dann, und daher, und demgemäss» (von Soden, *Grundriss*, § 123a) und macht das Verb *iršû* nicht zu einem Verb des Relativsatzes, sondern verleiht dem Verb «der die Truppen hineingebracht hatte» einfach einen Nachdruck (vgl. Ungnad–Matouš, § 96, sowie Caplice, § 40). Die Worte *iršû baṭlāti* werden von den meisten Übersetzern richtig als Hauptsatz betrachtet, wie auch Borger in *TGI*, S. 69, Anm. 17, zur Wahl stellt: «sie verweigerten den Dienst». Sie sehen also das unmittelbar vorausgehende *-ma* des Relativsatzes schlicht als emphatisches Enklitikum an, was auch das *-ma* in Z. 38 und in Z. 48 zu sein scheinen.

In Wirklichkeit scheint der Abschnitt der Zeilen 38-49 aus vier Hauptsätzen zu bestehen: 1. Die Furcht vor dem Glanz meiner Herrschaft warf den Hiskia nieder. 2. Seine Truppen verweigerten den Dienst, d.h. ihre Mutlosigkeit zwang den Hiskia zur Unterwerfung. 3. Nebst den Beutestücken liess Hiskia die vom Assyrer ausgewählten Personen seines Königshofes nach Ninive bringen. 4. Um die Abgabe zu überbringen und mir zu huldigen, schickte Hiskia seinen Gesandten.

[18] Luckenbill, *Annals*, S. 34.

[19] Luckenbill, *Ancient Records*, II, S. 143 (= § 312).

[20] *ANET*, § 289.

sagten den Dienst»[21]. Vielleicht lässt sich aber dem Sinn noch näher kommen. Nach W. von Soden bedeutet das Verb *rašû* «bekommen, erhalten», z.B. einen Mangel usw., *baṭiltu,* und ist der Ingressiv des Verbes *išû* «haben», z.B. «Die Wasserläufe ... *lā īšû ba-ṭil-tu* fliessen unaufhörlich», wörtlich «sie haben kein Aufhören». Das Verb *rašû* drückt also weniger eine Tätigkeit als ein Erleiden aus. Darum scheint der Satz «Die Truppen *iršû baṭlāti*» also eher zu bedeuten: «sie verloren den Mut»[22].

Wir erfahren nicht, wie lange Zeit nach Beginn der Einschliessung Jerusalems die Truppen zu versagen begannen. Auf jeden Fall muss die Lage in Jerusalem verzweifelt gewesen sein und die Verteidiger die Zuversicht auf erfolgreichen Widerstand verloren haben. Es könnte sehr wohl sein, dass um diese Zeit der König ein Fasten ausrufen liess und im Tempel aus tiefster Not ein erschütterndes Klagegebet an Gott richtete, wie Jes 22,12f und Ps 44 nahelegen[23]. Aber Gott schwieg. Bevor er das Flehen erhörte, musste Hiskia sich verdemütigen und die verdiente Strafe erleiden für seinen Ungehorsam gegen das prophetische Gotteswort und für seinen Eidbruch gegen seinen assyrischen Oberherrn. In der Tat musste Hiskia, «nachdem ihm die Untreue seiner eigenen Truppen den letzten Widerstandsversuch vereitelt hat»[24], schliesslich Boten an Sennacherib nach der mächtigen judäischen Festung Lakisch schicken, die er entweder noch belagerte oder wohl bereits eingenommen hatte. Durch diese Boten bekannte Hiskia seine Verfehlung und erklärte sich bereit, sich zu unterwerfen und alles zu tragen, was Sennacherib ihm auferlegen würde, wenn er nur von ihm ablasse. Damit war konkret die Aufhebung der Belagerung Jerusalems gemeint.

III. Die Befreiung Jerusalems und ihre historischen Ursachen

Sennacherib nahm ohne Zweifel in Lakisch die Unterwerfung Hiskias an, indem er einging auf seine Bitte, die beinahe eine Bedingung war. Er hob die Belagerung Jerusalems auf und kehrte in sein Land zurück, ohne die Ablieferung des Tributes abzuwarten. Hiskia raffte nun diese Abgabe zusammen, brachte sie dem Sennacherib nach Ninive[25] und liess ihm durch seine Gesandten huldigen. Im Kurzbericht 2 Kön 18,13-16

---

[21] *CAD* B, S. 176b.

[22] Vgl. von Soden, *Akkadisches Handwörterbuch,* S. 116 und 961. Dem Sinn nach wäre zu vergleichen die hebräische Wendung *rāpū yādāu* «seine Hände erschlafften, er verzagte, wurde mutlos».

[23] Siehe unten, Kap. 4 und 5.

[24] Alt, *Israel und Aegypten,* S. 77.

[25] Der Kurzbericht 18,13-16 gibt weder Zeit noch Ort der Zahlung an, sagt aber jedenfalls nicht, dass Hiskia die Abgabe nach Lakisch brachte.

wurde der Abzug wohl deshalb ausgelassen, weil er in der anschliessenden Prophetenerzählung 2 Kön 18,17ff ausdrücklich erwähnt wird.

Hiskia war durch die Mutlosigkeit seiner Truppen gezwungen worden, sich zu unterwerfen. Vielleicht ermutigt durch die Zusage Jesajas, dass Sennacherib die Stadt nicht in seine Gewalt bringen werde, hat er gewagt, dem Feind die Tore der Stadt nicht zu öffnen, sondern nur seine Anerkennung der assyrischen Oberherrschaft und die Bereitschaft zur Zahlung jeder Auflage zu erklären und ihn zu bitten, von ihm «abzulassen», also die Feindseligkeiten gegen Juda und besonders die Belagerung Jerusalems zu beenden. Sennacherib ging auf diese Bitte ein. Er konnte auf die Einnahme Jerusalems verzichten, da er auch so als Sieger abzog, denn er hatte das wesentliche Ziel seines Feldzuges auch gegen Juda erreicht: er hatte Hiskia wieder unter sein Joch gezwungen, ihn finanziell ruiniert, sein Herrschaftsgebiet stark beschnitten und ihm dadurch jede neue Rebellion unmöglich gemacht. So bedurfte er nach Rudolph[26] der Eroberung Jerusalems nicht und hatte nicht nötig, noch monatelang vor der Festung Jerusalem zu sitzen und sie auszuhungern. Da ihn sonst nichts mehr in Palästina festgehalten habe, sei er eben abgezogen.

Doch, nachdem Sennacherib alle seine Feinde in Phönizien und Palästina mit Waffengewalt unterworfen, den König von Ašqalon deportiert, die Städte Eqron und Lakisch grausam bestraft hatte, ist es erstaunlich, dass er auf den letzten Triumph, auf die Einnahme der Hauptstadt Judas, eine der stärksten Festungen Palästinas, und auf die Deportation oder Hinrichtung des Haupträdelsführers verzichtete, auf seiner Siegesstele nicht die Eroberung Jerusalems, sondern nur die Belagerung, Einnahme und Bestrafung von Lakisch darstellte[27]. Es muss ihn ein besonderer Grund zu diesem Verzicht bewogen haben[28].

1. Der Grund des Abzuges Sennacheribs

Der Grund, warum Sennacherib auf die Bitte Hiskias einging, Jerusalem und seinen König verschonte und die Belagerung aufhob, war schwerlich eine Folge assyrischer Politik, weil Sennacherib gemeint habe, auf diese Weise in Juda politische Ruhe zu sichern, ohne eine starke Besatzung dort zu lassen[29]; denn Hiskia war so vollständig erledigt, dass er zu einem neuen Aufstand einfach ausserstande gewesen wäre.

Ein Beweggrund für den vorzeitigen Aufbruch aus Palästina war gewiss die Einsicht Sennacheribs, dass die Eroberung der fast uneinnehmba-

---

[26] Rudolph, «Sanherib in Palästina», S. 67f.

[27] Besonders anschaulich bei Yadin, 2, S. 428-437.

[28] Wildberger, S. 815: «Die Belagerung wurde aus uns unbekannten Gründen abgebrochen».

[29] Clements, S. 62.

ren Festung Jerusalem, besonders wenn er sie aushungern wollte, noch Monate gekostet hätte. Musste nicht später Nabukodonosor sie anderthalb Jahre lang belagern, bevor es ihm gelang, eine Bresche in ihre Mauern zu legen? Der eigentliche Grund für die Aufhebung der Belagerung muss gewesen sein, dass Sennacherib diese Zeit anderswo nützlicher verwenden konnte. Tatsächlich spricht die Prophetenerzählung in 19,7 von einer «Nachricht» (s. oben S. 43), die Sennacherib in Palästina erhalten werde und die ihn bewegen werde, auf die Einnahme Jerusalems zu verzichten und in sein Land zurückzukehren.

2. Die «Nachricht» von 2 Kön 19,7

Es wird im Text nicht angegeben, welcher Art diese Nachricht sein werde, doch ist W. Rudolph auf der rechten Spur, wenn er schreibt, dass «beunruhigende Nachrichten aus Babel» ihn zur raschen Heimkehr trieben und dass sich so vollends erklären würde, warum Hiskia «sein Leben und seine Residenz retten konnte» [30]. Zwar hat W. von Soden behauptet, nichts spreche für die Vermutung, «dass die Verhältnisse in Babylonien Sennacherib zu einem überstürzten Abbruch der Belagerung Jerusalems ... veranlasst oder gar gezwungen hätten» und dass «politische Gründe nicht erkennbar» seien [31]. Gewiss hat er recht, wenn er sich mit diesen Worten gegen die häufig geäusserte Meinung wendet, dass zu dieser Zeit ein Aufstand in Babylonien oder gar ein Aufstand des von Sennacherib eingesetzten Bēl-ibni stattgefunden habe [32]. Dies lässt sich aus keinem assyrischen Dokument entnehmen [33]. Aber daraus schliesst er fälschlich, dass Sennacherib keine beunruhigenden Nachrichten aus Babylonien erhalten habe und durch sie zu seinem 4. Feldzug veranlasst worden sein könne; denn es lässt sich zeigen, dass dies sehr wahrscheinlich der Fall war.

---

[30] Rudolph, «Sanherib in Palästina», S. 68.

[31] Von Soden, «Sanherib vor Jerusalem», S. 45 und 50. Ihm stimmt ganz zu Herrmann, S. 319: «Die beliebte Vermutung, Sanherib sei durch Vorgänge in Babylonien zu einem eiligen Aufbruch gezwungen worden, trifft nicht zu». Die Behauptung, dass Sennacherib zu einem «überstürzten», zu einem «eiligen» Aufbruch von Jerusalem gezwungen worden sei, stützt sich nur auf die Wunderlegende 19,35, die sich unten S. 73 als späten Einschub erweisen wird.

[32] Baumgartner, S. 307, schreibt: «Gesichert ist nur, dass Sanherib nach der Kapitulation die Stadt nicht betrat, auf strenge Bestrafung verzichtete und rasch nach dem Zweistromland abmarschierte, offenbar auf die Nachricht von einem babylonischen Aufstand hin». Moortgat, S. 416, spricht von dem «Abfall» des Bel-ibni. Schmökel, S. 272: Bel-ibni «wurde zur Teilnahme am Aufstand veranlasst». Bright, *History,* S. 272: Bel-ibni «himself rebelled (ca. 700)».

[33] Von Soden, «Sanherib vor Jerusalem», S. 45, verweist dafür auf Luckenbill, *Annals,* Stierinschrift, S. 71, Z. 33-37 und die grosse Prisma-Inschrift, S. 34-35, Z. 50-54; die «Babylonische Chronik B», Grayson, S. 77, Kol. II, Z. 26-31 und *ANET,* S. 301b zum 3. Jahr Belibnis.

Der vierte Feldzug Sennacheribs, den Sennacherib im Jahr nach dem Feldzug nach Palästina durchführte — wir wissen nicht, wieviel Zeit dazwischen verstrich —, lenkt unsere Aufmerksamkeit auf Merodach-Baladan, den Fürsten von Bīt-Jakīn in Südbabylonien. Im Jahr 703 hatte er sich zum zweiten Mal zum König von Babylon gemacht (siehe oben S. 2). Im gleichen Jahr 703/2, am 20. Šebat, dem 11. Monat des Jahres, also im Februar 702, brach Sennacherib gegen ihn zu seinem ersten Feldzug auf. Merodach-Baladan wurde zwar besiegt, doch gelang es ihm, aus Babylon zu entfliehen und sich im Sumpf- und Schilfland am persischen Meerbusen versteckt zu halten, «ready to return to Bit Yakin as soon as might be possible» [34]. Sennacherib setzte auf den Thron von Babylon einen gewissen Bēl-ibni, einen Babylonier, der in seinem Palast aufgewachsen war [35]. Bēl-ibni blieb drei Jahre König von Babylon, aber, wie Sidney Smith schreibt, erwies er sich als ganz unfähig, die Ordnung in Babylon aufrecht zu halten, und seine Schwäche verursachte «an intolerable disturbance of which Sennacherib was bound to take notice» [36]. Weder die Annalen noch die babylonischen Chroniken deuten an, worin diese Wirren bestanden, doch war die Schuld Bēl-ibnis gross genug, dass die Assyrer ihn und seine Grossen gefangen abführten [37]. Unterdessen war Merodach-Baldan nach Bīt-Jakīn zurückgekehrt [38].

Der Beweggrund für Sennacherib, auf die Eroberung Jerusalems zu verzichten, waren nicht so sehr die Wirren in Babel, als vielmehr die Tatsache, dass Merodach-Baladan sich frei in der Nähe aufhielt. Dieser Fürst, der alte und zähe Feind Assyriens, der während einer Generation Brennpunkt des antiassyrischen Widerstandes gewesen war [39], hatte sich schon zweimal der babylonischen Königswürde bemächtigt, das erste Mal im Jahr 721, von dem an er sich 12 Jahre lang gegen den grossen Sargon halten konnte, und das zweite Mal im Jahr 703, wo er sie nur 9 Monate lang gegen Sennacherib behaupten konnte. Sennacherib hatte sehr wohl Grund, Besorgnis zu hegen, dass Merodach-Baladan die Wirren in Babylon benützen würde, um sich zum dritten Mal auf den Thron Babels zu setzen. Nichts in den Quellen ausser höchstens der eben erwähnten, spät eingeschobenen Wunderlegende von 19,35, weist darauf hin, dass Sennacherib die Belagerung «eilig» oder gar «überstürzt» aufgehoben habe. Gewiss zog er früher aus Palästina ab, als er im Sinn gehabt hatte; auch muss der Abzug Sennacheribs den belagerten Einwohnern von Jerusalem

---

[34] Smith, S. 65.

[35] Luckenbill, *Annals*, S. 54 und 57, Z. 13 (Chicago-Prisma).

[36] Smith, S. 65.

[37] *ul-te-eg-lu* «sie führten in die Verbannung»; in Grayson, S. 77. Dazu von Soden, *Akkadisches Handwörterbuch*, I, 275b: Pf. Šafel von *galû* II; aus dem Aramäischen.

[38] Smith, S. 65.

[39] Hallo, S. 53.

ganz unerwartet gekommen sein, so dass sie ihre freudige Überraschung auf ausgelassene Weise feierten, wie Jes 22,1-2.12-13 lebendig schildert. Aber nachdem er beschlossen hatte, auf die Eroberung Jerusalems zu verzichten, hielt ihn nichts mehr von dem Abzug zurück, auch nicht die Befürchtung, dass Hiskia ihm den auferlegten Tribut nicht nachschicken würde. So zog er in sein Land zurück und von da zu seinem vierten Feldzug nach Südbabylonien.

Dafür, dass die Gefahr, die von seiten Merodach-Baladans drohte, den vierten Feldzug Sennacheribs verursacht hat, sprechen ganz deutlich die Annalen, die ausdrücklich das Land Bīt-Jakīn und nicht Babylon als Ziel dieses Feldzuges nennen[40]. Merodach-Baladan wurde, wie im Jahr 710, so auch im Jahr 700 gezwungen, über das Meer zu fliehen[41], von wo er nie mehr zurückkehrte. Sennacherib zog erst auf seinem «Rückmarsch»[42] aus Bīt-Jakīn, das er verwüstet hatte, in Babylon ein und führte Bēl-ibni und seine Grossen gefangen nach Assyrien.

Die erste Erzählung in 2 Kön 18f gab also den Anlass zum Abzug von dem uneroberten Jerusalem an, indem sie in 19,7 berichtete, Jesaja habe vorausgesagt, dass Sennacherib eine Nachricht erhalten werde, bei deren Empfang Jahwe ihm den Entschluss eingeben werde, in sein Land zurückzukehren. Damit war das Eingreifen Jahwes zur Befreiung Jerusalems ganz klar ausgedrückt. Auch die zweite Erzählung enthält in 19,32-34 eine Voraussage Jesajas, nach der Sennacherib die Belagerung Jerusalems aufheben und abziehen werde. Die Voraussage fügt in 19,32 hinzu, dass der König von Assyrien auch keinen Angriff auf Jerusalem machen werde, keinen Damm gegen es aufschütten, mit keinem Schild gegen es anrücken, keinen Pfeil in es hineinschiessen und nicht in die Stadt eindringen werde. Zweifellos ist die letzte Aussage richtig; sehr wohl möglich ist auch, dass Sennacherib sich mit der Einschliessung der Stadt begnügte und keinen Angriff gegen sie machte, wenn wir es auch nicht wissen[43]. In dem Prophetenwort 19,32-34 lässt der zweite Erzähler Jesaja nichts sagen über den Anlass des Abzuges Sennacheribs, vielleicht weil in 19,7 das Eingreifen Jahwes schon deutlich genug ausgedrückt war. Aber nach diesem Wort Jesajas folgt plötzlich die dramatische Aussage von 19,35[44].

3. Die Wunderlegende von 19,35

Sie lautet: «Und es geschah in derselben Nacht, da ging der Engel Jahwes aus und erschlug im Lager der Assyrer 185000 Mann. Und als man am Morgen früh aufstand, siehe da waren sie alle tote Leichen».

---

[40] Luckenbill, *Annals,* Chicago-Prisma, S. 35, Kol. III, Z. 52 und Z. 58.

[41] Ebenda, S. 35, Kol. III, Z. 64-65.

[42] So ausdrücklich in den Annalen, ebenda, S. 35, Kol. III, Z. 71.

[43] Vgl. oben, S. 63f.

[44] Der Vers 19,35 wurde schon oben S. 47 erwähnt.

Das Sterben geschah «in derselben Nacht», also in der Nacht nach der Ankunft der zweiten Gesandtschaft in Jerusalem mit einem Brief Sennacheribs, folglich im Zusammenhang *vor* dem Beginn der Einschliessung Jerusalems, die also nicht einmal begonnen werden konnte, was sicher unhistorisch ist. Die Erwähnung des «Lagers der Assyrer» ist unbestimmt. Spricht er vom Lager vor Jerusalem, das durch 18,17 der ersten Erzählung vorausgesetzt wird, oder vom Lager vor Libna, gegen das Sennacherib laut 19,8 kämpfte, oder meint er etwa beide Lager[45]? Aber der Verfasser der Aussage 19,35 denkt doch wohl an das Lager vor Jerusalem, dessen Befreiung er begründen will. Zwar passt die in 19,35 angegebene Zahl schwerlich zu der Bezeichnung *ḥail kābēd* in 18,17, die ja das assyrische Heer bei Lakisch nicht einschloss, aber es ist doch sehr fraglich, ob der Verfasser von 19,35 überhaupt an Libna gedacht hat.

Wie ungeschichtlich die Behauptung ist, dass Sennacherib in Palästina ein riesiges Heer verloren habe und dadurch gezwungen worden sei, die Belagerung Jerusalems aufzuheben, zeigt die Tatsache, dass er kurz darauf mit «massenhaften Truppen»[46] nach Südbabylonien zu seinem 4. Feldzug aufbrechen konnte. Es wäre ihm vielmehr ergangen wie hundert Jahre später dem Nabukodonosor, den eine Niederlage in Ägypten zur Rückkehr nach Babylonien nötigte, was es ihm unmöglich machte, im folgenden Jahr zu Feld zu ziehen, da er erst seine Armee wieder aufbauen musste[47].

Es besteht kein Zweifel, dass der Verfasser von 19,35 ein wirkliches Wunder beschreiben wollte und dass ihm viel daran gelegen war, das Eingreifen Jahwes möglichst drastisch und unübersehbar darzustellen[48]. Schon der Unterhalt eines so gewaltigen Heeres in Palästina wäre unmöglich gewesen. Jedenfalls ist es dem Verfasser gelungen, die Lehre, die er einprägen wollte, auf eine Weise darzustellen, die auf ihre Leser grossen Eindruck gemacht haben muss, und die auch heute eine gewisse Wirkung nicht verfehlt[49].

Es wurde schon darauf hingewiesen, dass der erste Erzähler in dem Orakel Jesajas als Grund des Abzuges Sennacheribs von Jerusalem angibt, dass Jahwe auf eine Nachricht hin den König von Assyrien dazu angetrieben habe (19,7), dass aber der zweite Erzähler in dem parallelen Orakel Jesajas (19,32-34) den Grund des Abzuges weder wiederholt noch

---

[45] Procksch, S. 459, meint: der Engel Jahwes, «der das assyrische Lager mit dem Mittelpunkt vermutlich in Libna (V. 8) vernichtet».

[46] Chicago-Prisma, Kol. III, Z. 50-51.

[47] Wiseman, *Chronicles,* S. 70f, Z. 5-8. Auch in *TGI,* S. 74.

[48] Der Verfasser sagt nicht nur, dass sie alle tot waren, sondern betont das Unglaubliche ausdrücklich mit den Worten, dass «sie alle tote Leichen» waren.

[49] Als Beispiel sei genannt Moortgat. Auf S. 416 beschreibt er die Vorbereitung der Belagerung Jerusalems durch Sennacherib nur kurz, erwähnt aber ausdrücklich das «Wunder» von 2 Kön 19,35.

näher bestimmt, wohl deshalb, weil er in 19,7 das Eingreifen Jahwes berichtet, das den Sennacherib zur überstürzten Rückkehr in sein Land zwang, das aber im Widerspruch steht zu dem in 19,7 angegebenen Grund [50]. Denn wenn Sennacherib wegen einer empfangenen Nachricht bewogen wurde, von Jerusalem abzuziehen, dann konnte er nicht zugleich auch durch ein Massensterben dazu bewogen worden sein. Auch Wildberger lässt durchblicken, dass die beiden Aussagen sich nicht miteinander vertragen, lässt sich aber auf keine weiteren Erklärungsversuche dieses Widerspruches ein [51].

Doch R. E. Clements [52] gibt eine begründete Lösung, denn er spricht klar aus, dass die Aussage von keinem der beiden Erzähler stammt, sondern «must be recognised as the late intrusion that it is» (p. 59). Denn die Behauptung der Vernichtung der Assyrer durch den Engel Jahwes «is quite out of line with its context ...» (p. 60). Diese Aussage sticht durch ihre hohe Dramatizität scharf ab von ihrem ganzen Zusammenhang. Ausser 19,35 enthält die ganze Doppelerzählung kein Wunder; auch die göttliche Erleuchtung Jesajas über das Gebet des Königs (19,20) kann kaum als Wunder bezeichnet werden. Die vorausgehende Prophetie (19,32-34) ist ganz nüchtern und lässt keine wunderbare Lösung «erwarten». Auch «erfordert» weder die in 19,33 vorausgesagte noch die in 19,36 beschriebene Rückkehr Sennacheribs in sein Land eine Vernichtung des assyrischen Heeres. Die dramatische Handlung des Engels Jahwes drückt die in 19,36 folgende Beschreibung des Rückzuges des assyrischen Königs herab «to the level of the commonplace» (p. 59). Lässt man das Massensterben von 19,35 aus, bleibt die Erzählung vollständig und ohne Widerspruch, nichts wird vermisst [53]. Wohl ein später Schreiber «felt that the story ... lacked a sufficiently dramatic portrayal of how the hand of God had been at work to protect Jerusalem» (p. 61).

Der Verfasser von 19,35 wollte ein wirkliches Wunder darstellen, und ein Wunder ist ein Wunder, man soll nicht nach der Möglichkeit fragen [54]. «It is quite mistaken therefore to rationalise it» [55], nämlich eine Erklärung zu suchen, auf welche Weise es gewirkt wurde. Ebensowenig lässt sich erklären, wie Jahwe alle Erstgeborenen Ägyptens in einer Nacht sterben liess (Ex 12,29). Schon O. Kaiser betont: «Wenn man eine Pest als

---

[50] Herrmann, S. 319, meint: Wir wissen nicht recht, warum Jerusalem gerettet wurde, «weil das Alte Testament darüber widerspruchsvoll berichtet».

[51] Wildberger, S. 1411 (Jes 37,7 = 2 Kön 19,7 und Jes 37,36 = 2 Kön 19,35).

[52] Clements, S. 58-61.

[53] Wildberger S. 1421 behauptet genau das Gegenteil: «Die knappe Nachricht über die Erfüllung des Orakels [in (Jes) 37,36.37aα, die Vernichtung der Assyrer und die Heimkehr Sennacheribs] ist notwendig und bildet den natürlichen Abschluss der [2.] Erzählung»! Doch vgl. dazu oben S. 34f.

[54] Wildberger, S. 1437.

[55] Clements, S. 61.

Mittel der Tötung unterstellt, ist das im Grunde bereits eine unzulässige Rationalisierung des Wunders» [56]. Zwar brachte in 2 Sam 24,15-17 der Engel Jahwes [57] viele Menschen durch eine Pest ums Leben, aber hier wird die Pest (*deber*) ausdrücklich genannt, die sich allmählich ausbreitete. Darum lässt sich daraus nicht vermuten, dass auch in 2 Kön 19,35 der Engel Jahwes das Assyrerlager durch die Pest heimgesucht habe. «Aber nichts im vorliegenden Text lässt auf eine Krankheit schliessen», wie Wildberger ganz richtig bemerkt [58]. Allerdings spricht schon Josephus in Ant. X,21 [59], wo er das Sterben der Assyrer berichtet, von einer Pestseuche (*loiminēn ... noson*)», doch sagt Ralph Marcus in der Anmerkung c dazu: «Josephus, as usual, rationalistically interprets the scriptural expression, "the angel of the Lord went out, and smote...", as a reference to the (bubonic) plague ... But cf. *B.J.* V, 388 (Josephus's speech to the Jews of Jerusalem), where he speaks of the 'angel of the Lord' destroying the Assyrian host. There he retains the biblical expression ..., perhaps because 'he avoids rationalizing when addressing the Jews'» [60]. Es ist also unangebracht, das Wunder von 19,35 zu rationalisieren.

W. von Soden [61] ist der Meinung, dass keine politischen Gründe erkennbar seien, die Sennacherib zum voreiligen Abzug von Jerusalem hätten bewegen können [62]. Darum greift er auf die unbewiesene Ansicht zurück, dass der Verfasser von 19,35 das von ihm beschriebene Wunder einer Seuche zugeschrieben habe, und nimmt an, dass die so verstandene Aussage einen geschichtlichen Kern haben könne und dass im Assyrerlager vor Jerusalem der Ausbruch einer Seuche möglich gewesen sei, die etwa «etliche Tausend Opfer in einigen Wochen forderte» und ein plausibler Grund zum Abbruch der Belagerung gewesen wäre. Damit bleibt aber von der Aussage 19,35 so viel wie nichts übrig. Er verweist zwar auf assyrische Quellen, die schwere Seuchen für das 8. Jahr. bezeugen, sodass auch vor Jerusalem eine Seuche habe ausbrechen könne (von Soden S. 49). Doch was beweist dies?

Er führt (von Soden S. 46-48) einen vielleicht um 731 v.Chr. geschriebenen assyrischen Brief an [63], der verrate, dass die Rede, mit der Rabsake

---

[56] Kaiser, S. 313.

[57] In manchen Texten ist der «Engel Jahwes» kein anderer als «Jahwe» selbst, insofern er sich kundtut. Vgl. Bible de Jérusalem, Anm. *g* zu Gen 16,7; Anm. *c* zu Act 7,38. Vgl. Wildberger, S. 1437. Zu der Gleichsetzung von Jahwe und Engel Jahwes siehe 2 Sam 24,15.16.

[58] Wildberger, S. 1437.

[59] Josephus in Loeb Classical Library.

[60] Auch in Ant. II, 313, wo Josephus Nichtjuden den Tod aller Erstgeborenen Ägyptens erzählt (Ex 12,29), rationalisiert er dies mit den Worten, Gott «habe den Ägyptern die Pest (τὴν νόσον) gesandt».

[61] Von Soden, «Sanherib vor Jerusalem».

[62] Diese Meinung ist unbegründet, wie oben S. 69-70 dargelegt wurde.

[63] Veröffentlicht von Saggs, *Iraq* 17, S. 23ff.

die Bewohner von Jerusalem zu beeinflussen suchte, «einige Vertrautheit mit den politischen Praktiken der Assyrer» zeige und dass die Erzählung von 2 Kön 18f «auf einen noch in assyrischer Zeit abgefassten Bericht» zurückgehe; darum dürfe auch «die Erzählung von der wunderbaren Errettung Jerusalems in 2. Kön. 19,35f. ... nicht von vornherein als ... für den Historiker wertlos abgetan werden» (von Soden S. 48). Jedoch stimmt die Glaubwürdigkeit zwar von der 1. Erzählung, nicht aber von dem der 2. Erzählung Eigenen, und noch weniger von 19,35, besonders wenn dieser Vers ein später Einschub ist.

Die bisher angeführten Gründe für eine Seuche vor Jerusalem sind so schwach, dass von Soden S. 49f sogar zu der bekannten, als geschichtlich wertlos anerkannten[64] Erzählung von Herodot 141 zurückkehrt[65]. Als Sennacherib mit einem grossen Heer in Ägypten eindrang und bei der Stadt Pelusium angekommen war[66], überfluteten des Nachts «Feldmäuse» die Assyrer, zerfrassen alle ihre ledernen Köcher, die Sehnen ihrer Bogen und die Halteriemen ihrer Schilde, so dass die Assyrer am folgenden Tag wehrlos waren, die Flucht ergriffen und in grosser Zahl umkamen. Diese Erzählung könne «jedenfalls teilweise auf historische Berichte zurückgehen» (von Soden S. 50). Aus Pelusium wird Jerusalem[67] und aus den zernagenden Feldmäusen werden pestübertragende Ratten: wirklich ein verzweifelter Versuch, die Erzählung Herodots für eine Seuche in 2 Kön 19,35 zu verwenden!

IV. **Das tragische Schicksal Hiskias**

Die Tragik des frommen Jahweverehrers Hiskia lag darin, dass sein grosser Eifer für Jahwe auf einem falschen Geleise lief, das ihn und sein Volk ins Verderben führen musste. Hiskia setzte sich mit ganzer Kraft dafür ein, dass sein Volk dem Gott Israels, Jahwe, diene und ihm allein und ausschliesslich Verehrung erweise. Gewiss war die Mühe, die der König einsetzte für die Förderung des Jahwekultes, an sich eine gute Sache, aber

---

[64] Vgl. Rudolph, S. 75f; Eichrodt, 2, S. 249f; Baumgartner, S. 308.

[65] Vgl. Childs, S. 101, Anm. 70: «The Herodotus account continues to be used by some American scholars to defend an 'historical kernel' theory of 2 Kg 19,35. In the light of the tremendous problems associated with this legend [of Herodotus], this procedure appears to me unjustified». Unter den erwähnten Autoren nennt er ebd. J. Bright, *A History of Israel,* 1959, S. 283; G. E. Wright, *Isaiah,* 1960, S. 82; S. H. Horn, «Did Sennacherib Campaign Once or Twice against Hezekiah?», *Andrew University Seminary Studies* 4 (1966) 26.

[66] Schon die Behauptung Herodots, dass Sennacherib in Ägypten eindrang, ist verdächtig; denn wir haben kein Anzeichen dafür, dass Sennacherib je die Absicht gehabt habe, in Ägypten einzumarschieren. Vgl. *DOT,* S. 65.

[67] Die Gleichsetzung des in 2 Kön 19,35 von Jerusalem Gesagten und des von Herodot von Pelusium Erzählten wird als selbstverständlich hingestellt von Röllig, Kol. 1543: Sanherib «konnte Jerusalem nicht einnehmen, nach biblischem Bericht (2 Rg. 18,13 – 19,36) wegen einer Seuche, nach Hdt 2,142 infolge einer Mäuseplage».

sie war bei Hiskia nicht erleuchtet. Voll Eingensinn hielt er den Aufstand gegen die assyrische Oberherrschaft für richtig und gottgefällig, wohl weil er sah, dass nur die Unabhängigkeit von Assyrien es ihm ermöglichen würde, den Tempel Jahwes von jedem Zeichen der Anerkennung der assyrischen Götter zu reinigen. Er verstand nicht, dass echter Jahwedienst wesentlich im Gehorsam bestand und dass unbedingte Unterwerfung unter Jahwes Willen in jedem Fall den Vorrang verdiente.

Der Prophet Jesaja hatte schon vor dreissig Jahren (oben S. 11) dem Achaz, dem Vater und Vorgänger Hiskias, im Namen Jahwes die Weisung gegeben, sich in der äusserst gefährlichen politischen Lage ruhig zu verhalten und sich nicht an den Assyrerkönig Tiglat-Pileser um Hilfe zu wenden. Ebenso drang er jetzt auch in dessen Sohn Hiskia, der göttlichen Politik zu folgen, indem er sich unter dem assyrischen Joch still verhielt, bis die Zeit käme, zu der Jahwe selbst dieses Joch zerbrechen und sein Volk befreien würde.

Aber Hiskia wollte es besser wissen und hörte nicht auf die Stimme des Propheten, sondern suchte die Befreiung von Assyrien auf seine eigene Weise zu bewirken, nämlich mit ägyptischer Hilfe, durch Bruch seines Treueides und durch gewaltsamen Aufstand. Felsenfest, aber blindlings war er überzeugt, dass Jahwe, um dessen Ehre willen er sich gegen Assyrien erhob, ihm zum Gelingen dieses Aufstandes helfen werde, ja ihm helfen müsse. Tatsächlich beweist das Verhalten Hiskias beim Einfall Sennacheribs in Phönizien und Palästina ein fast unglaubliches Gottvertrauen, wie es unter allen Königen Judas nicht seinesgleichen fand (2 Kön 18,5)[68].

Als Sennacherib in Phönizien eindrang und dort seine ersten Siege errang, brach die ganze grosse antiassyrische Koalition in Phönizien und Palästina in sich zusammen (vgl. oben S. 9); denn fast alle Aufständischen unterwerfen sich sofort, kamen nach Ušū (= Palaityrus) vor ihn und brachten ihm ihre Huldigung dar. Es waren die Könige der Küstenstädte von Arwad im Norden bis zum philistäischen Ašdod im Süden, ausser dem König von Sidon, der nach Zypern floh und nie mehr zurückkehrte; im Innenland beugten sich die Könige von Ammon, von Moab und von Edom. Nur Ašqalon und Eqron und andere kleinere Philisterstädte sowie der König von Juda blieben fest. Auch nachdem Ašqalon und Eqron unterworfen und bestraft worden waren und nur das kleine Reich Juda übrig blieb, gab Hiskia nicht nach. Und selbst als auch das ganze Land Juda erobert, ganz ausgeraubt wurde, zahlreiche Judäer im Kampf gefallen oder gefangen genommen waren, liess Hiskia von seinem Entschluss nicht ab. Sogar als Hiskia in Jerusalem eingeschlossen wurde und ganz einsam und hilflos war, bot er der gewaltigen Macht Assyriens unerschütterlich die Stirne: Jahwe musste am Ende doch helfen (oben S. 10)!

[68] Vgl. oben, S. 10.

Aber Jahwe griff nicht ein; denn zuerst musste Hiskia die Strafe für seinen Ungehorsam und für seinen Eidbruch erleiden. Aber von seinen eigenen Truppen im Stich gelassen, sah der König von Jerusalem schliesslich keinen Ausweg mehr und muss der Verzweiflung nahe gewesen sein. So war er gezwungen, schliesslich seinen verbissenen Widerstand doch aufzugeben, sich vor dem siegreichen Assyrerkönig zu verdemütigen und sich zur Unterwerfung bereit zu erklären. So zwang ihn Jahwe, das fremde Joch von neuem auf sich zu nehmen. Zwar gewährte er dem unglücklichen König in all diesem Schrecken dennoch eine Hilfe; denn er bewirkte, dass die Stadt Jerusalem, das Leben des Königs und somit der Fortbestand der davidischen Dynastie gerettet wurden und dass Sennacherib sogar das Königtum Hiskias bestätigte.

Aber Hiskia war ein gebrochener Mann. Von seinem ohnehin kleinen Reich schnitt Sennacherib grosse Stücke ab und gab sie den ihm treu gebliebenen Philisterkönigen von Ašdod, Eqron und Gaza[69]. Hiskias Kassen waren leer, und in den Augen seines Volkes hatte er seine ganze Glaubwürdigkeit verloren; denn seine Politik hatte das Land an den Rand des Abgrundes gebracht. Seine ganze religiöse Reform, soweit er damit Erfolg gehabt hatte, war zusammengebrochen. Er musste wahrscheinlich sogar zulassen, dass in Jerusalem den assyrischen Göttern wiederum Huldigung erwiesen wurde. Jetzt hätte keiner seiner Untergebenen mehr auf ihn gehört, wenn er wieder auf den Jahwekult gedrungen hätte; er war ein erledigter Mann. Hätten nicht jene von ihnen, die einst den Göttern gedient hatten, ihm entgegenhalten können, dass gerade die Unterlassung der Verehrung jener Götter dem Land ihren Fluch zugezogen habe? Wie tief die Verehrung der kaananäischen Götter im Herzen des Volkes verwurzelt war, lassen die einschneidenden Vorwürfe erkennen, die Jes in 1,4 nach dem Abzug Sennacheribs dem Volk machen musste. Dies lässt auch die Tatsache ahnen, dass nach dem baldigen Tod Hiskias unter seinem Sohn und Nachfolger Manasse der Götterdienst wieder üppig aufblühte (2 Kön 21,1-9).

---

[69] Vgl. oben, S. 10.

Kapitel 4

Das Klagegebet Psalm 44 und die Belagerung Jerusalems unter Hiskia

I. Zur zeitlichen Ansetzung von Ps 44

Es wurde oben S. 67 bemerkt, dass die Belagerung die Einwohnerschaft Jerusalems in äusserste Not gebracht hatte. Nun war es Sitte, in grosser Not eine Klagefeier abzuhalten [1]. So liegt die Annahme nahe, dass auch im belagerten Jerusalem eine Bussfeier ausgerufen wurde. Dies scheint bestätigt zu werden durch die Worte Jes 22,12f (s. unten S. 89) und besonders durch den Psalm 44. Dieser Psalm schildert drastisch die grosse Not eines Heerführers und seines Volkes. Deshalb ist es durchaus wahrscheinlich, dass es sich dabei um Hiskia handelt, der von dem grausamen Sennacherib in Jerusalem eingeschlossen war.

Dieses Volksklagelied weist auf ganz konkrete Umstände hin, auf seinen Krieg, auf erlittene Niederlage und Ausplünderung, auf viele Gefallene und Gefangene. Es spricht ein Heerführer und ein Volk, die in grösster Gefahr sind. Aber andrerseits ist die geschichtliche Lage auch unsicher, so dass dieser Psalm sehr verschiedenen Zeiten zugeschrieben wurde [2].

Einst war es sehr beliebt, ihn in die Religionsverfolgung und die Kriege der Makkabäerzeit zu verlegen. Doch sah man ein, dass der vermeintlichen Anspielung auf religiöse Verfolgung andere Gedanken zugrunde liegen. Ferner hat man den Psalm auch in die persische Zeit bald nach dem Exil angesetzt, als die Rückkehrer in dem persischen Statthalter aus dem davidischen Geschlecht noch ein weltliches Haupt hatten [3]. Doch steht dem entgegen, dass in dieser ganzen Zeit die Juden kein Heer

---

[1] Vgl. Gunkel–Begrich, S. 117ff.

[2] Gewisse Autoren haben auf eine zeitliche Ansetzung von Ps 44 verzichtet. Nötscher, S. 86, sagt: «Wir kennen die israelitische Geschichte viel zu wenig, um den Ps 44 sicher mit einem bestimmten Ereignis verknüpfen zu können». Kraus, S. 325, meint: «wahrscheinlich ist die historische Frage als solche gar nicht sachgemäss».

[3] E. Janssen, S. 19.

hatten. Es wurde auch mit der Entstehung des Psalmes im 6. Jahrhundert gerechnet[4]. Doch sprachen sich Autoren auch zugunsten der vorexilischen Zeit aus. Weiser mahnt, dass eine Überlieferung wie 2 Chron 20,7ff über ein Gebet des Königs Josaphat bei einem feindlichen Einfall davor warnen sollte, den Psalm in der vorexilischen Zeit für unmöglich halten, wenn auch unsere mangelnde Kenntnis geschichtlicher Einzelheiten eine genaue zeitliche Fixierung verbiete[5]. Als wahrscheinlich wurde die Periode nach dem Tod des Königs Josia vorgeschlagen[6].

Schliesslich sind mehrere Autoren zu nennen, die den Ps 44 in die Zeit setzen, als Sennacherib den aufständischen Hiskia in Jerusalem einschloss, ihn also mit einem Ereignis in Verbindung bringen, worüber wir ungewöhnlich viele Einzelheiten erfahren. So schreibt Cornely[7] von Ps 44: «Ad illud tempus, quo Sennacherib multis iam regni Juda civitatibus captis arma contra Jerusalem ferre intendit, Psalmus omnino referendus videtur». Knabenbauer[8] erwähnt verschiedene Meinungen angesehener Autoren und fährt dann fort: «Nihilominus omnibus perpensis tamquam sententia satis certa proponi potest, quod adoptaverunt de Lagarde, Cornely, describi condicionem sub Ezechia rege tempore invasionis Assyriorum sub Sennacherib rege anno 701». Herkenne[9] äussert die Meinung: «So weit wir die Geschichte Israels kennen, würde unser Psalm am ehesten in die Zeit des Ezechias passen». Ebenso Zorell[10]: «Ad illud tempus quo Sennacherib, multis iam regni Iuda civitatibus captis, Ierusalem aggredi intendebat apte hoc carmen refertur».

Tatsächlich kennen wir die Situation, in der sich Juda und Jerusalem im Jahre 701 befanden, ungewöhnlich gut, wenn sich dabei selbstverständlich auch Lücken feststellen lassen. Sicher hat in diesem Jahr Sennacherib alle festen Städte Judas eingenommen und zahllose Ortschaften ausgeplündert. Dies steht fest sowohl aus 2 Kön 18,13 als auch aus den Annalen Sennacheribs, aber auch aus der Prophetie Jesajas von 8,7-8[11], die bestätigt wird durch Jes 22,1-12[12] und durch Jes 1,4-9[13]. Die Ungewissheit der zeitlichen Ansetzung des Psalmes 44 hat wohl ihre Hauptursache in dem Verständnis des Abschnittes 44,5-9. Vermutlich weil dieser Abschnitt des Psalmes in V.5 mit dem präsentischen Nominalsatz «Du bist mein König» anfängt, wurden V.5-9 als Ausdruck festen Vertrauens

---

[4] Schmidt, S. 84.
[5] Weiser, S. 229.
[6] Vaccari, Anm. zu Ps 44.
[7] Cornely, S. 143.
[8] Knabenbauer, S. 173.
[9] Herkenne, S. 166.
[10] Zorell, S. 104.
[11] Vgl. unten, S. 91.
[12] Vgl. unten, S. 87.
[13] Vgl. unten, S. 90.

verstanden, dass Gott dem Volk stets den Sieg über seine Feinde geben werde. Doch scheint diese Auffassung die Erklärung des ganzen Psalmes in eine falsche Richtung zu lenken.

II. Die literarische Gattung von Ps 44

Gunkel[14] sagt von Ps 44, dass er in seinem zweiten Teil (V.10-27) Musterbeispiel eines Volksklageliedes bei Feindesbedrängnis sei. Tatsächlich ist die Funktion jedes Abschnittes dieses Psalmteiles eindeutig: V.10-17 sind die Klage und die Beschreibung einer erlittenen Niederlage und der gegenwärtigen Bedrängnis; V.18-23 legen Jahwe mehrere Beweggründe, dem Volk Hilfe zu leisten, vor; V.24-27 enthalten die Bitte an Gott, zu helfen. Aber den ersten Teil des Psalmes, V.2-9, besonders aber die Worte V.5-9 rechnet Gunkel nicht zum Musterbeispiel eines Volksklageliedes. In der Tat, wenn man mit Gunkel und manchen Erklärern diese Worte als Ausdruck des Vertrauens betrachtet, passen sie nicht in das Musterbeispiel eines Volksklageliedes. Gewiss ist der Ausdruck des Gottvertrauens dieser Psalmengattung nicht fremd, aber normalerweise steht er n a c h der bitteren Klage oder n a c h dem leidenschaftlichen Flehen, so dass der Sprechende sich erst während des Gebetes zum Gottvertrauen durchdringt, und schliesslich Ruhe in sein Herz einzieht[15]. Wenn aber Ps 44,5-9 Vertrauen auf Gottes Hilfe ausdrückte, hätten wir den ganz ungewöhnlichen Fall, dass der Beter und jene, in deren Namen er spricht, in ruhiger Stimmung beginnt und erst während des Gebetes immer tiefer in verzweifelte Todesangst hinabsinkt.

Doch nichts im Text zwingt, diesen Psalmenabschnitt als blossen Ausdruck des Vertrauens auf Gottes Hilfe zu verstehen, auch nicht V.5a mit seinem präsentischen Nominalsatz «Du bist mein König». Die V.5-9 können sehr wohl aufgefasst werden als Rückblick auf die Hilfe, die Jahwe in jüngster Vergangenheit gewährt hat. Ein solches Verständnis dieses Abschnittes ist aber nicht nur möglich und berechtigt, sondern hat auch zur Folge, dass seine Stellung im Psalm nicht ungewöhnlich ist, sondern sogar ausgezeichnet in das normale Bild eines Volksklageliedes passt. Zudem wird so auch der geschichtliche Hintergrund des Psalmes eindeutig. Wie sich zeigen wird, liegt die Schwierigkeit der Stellung der V.5-9 innerhalb des Psalmes 44 und die Unsicherheit ihres Sinnes in der zeitlichen Vieldeutigkeit der hebräischen Verbalformen, deren Bedeutung oft stark abhängt von dem Zusammenhang, in dem sie stehen. In der folgenden Übersetzung von 44,2-9 wird bei den einzelnen Verben angegeben, ob sie im hebräischen Text im Perfekt, im Imperfekt, im Partizip oder im Imperf. inversum stehen. Anschliessend wird die hier gegebene Übersetzung begründet.

[14] Gunkel, S. 184.

[15] Vgl. Gunkel–Begrich, S. 123 und 133.

III. **Übersetzung und Erklärung von Ps 44,2-9**

Gottes Tat in ferner Vorzeit

2 ⌜Jahwe⌝[a], mit eigenen Ohren haben wir gehört (pf),
unsere Väter haben uns erzählt (pf)
von einer Tat, die du getan hast (pf) in ihren Tagen,
in den Tagen der Vorzeit 3 ⌜mit⌝ deiner eigenen Hand[b]:
Völker hast du vertrieben[c], *sie* aber eingepflanzt (ipf inv),
Nationen hast du vernichtet (ipf), *sie* aber ausgebreitet (ipf inv).
4 Fürwahr nicht mit *ihrem* Schwert gewannen sie (pf) das Land
und nicht *ihr* Arm errang (pf) ihnen den Sieg,
sondern *deine* Rechte und *dein* Arm
und das Licht *deines* Antlitzes, denn *du* warst ihnen hold (pf).

Gottes Taten in junger Vergangenheit

5 Du allein[d] bist mein König ⌜und mein Gott,
der Jakob Siege gewährte⌝ (ptc)[e].
6 Durch *dich* stiessen wir (ipf) unsere Bedränger nieder,
in *deinem* Namen zertraten wir (ipf) unsere Gegner.
7 Fürwahr nicht auf *meinen* Bogen verliess ich (ipf) mich,
nicht *mein* Schwert errang (ipf) mir Sieg,
8 sondern *du* liessest (pf) uns unsere Bedränger besiegen,
du machtest (pf) unsere Hasser zuschanden.
9 ⌜*Jahwes* rühmten (pf) wir uns⌝[f] jederzeit
und *deinen* Namen priesen (ipf) wir immerdar.

Textkritische Bemerkungen:

[a] Statt *’^{e}lōhīm* lies *Jahwe,* denn die Pss 43–83 sind elohistisch.

[b] Statt *’attā yād^{e}kā* lies wohl *’attā b^{e}yād^{e}kā*. Das Personalpronomen gibt dem Suffixpronomen Nachdruck.

[c] Statt *hōraštā* «du hast aus dem Besitz gebracht» lesen Duhm und Schmidt sehr passend *šēraštā* «du hast entwurzelt»; auch nach Gesenius–Buhl sei vielleicht so zu lesen.

[d] *hū’* hat hier emphatischen und exklusiven Sinn; vgl. Gesenius–Buhl s.v. n. 3; Köhler–Baumgartner, [3]1967, s.v. n. 6.

[e] Statt *’^{e}lōhīm ṣawwe* lies *’^{e}lōhai m^{e}ṣawwē.*

[f] Statt *bēlōhīm hillalnū* lies *b^{e}Jahwe hithallēlnū.*

Die Worte Ps 44,5-9 werden, wie gesagt, oft als Ausdruck des Vertrauens auf die baldige Hilfe Jahwes verstanden. Darum werden die fünf Imperfekte in V.6.7.9b und das emendierte Partizip in V.5b auf die Zukunft bezogen, was grammatikalisch durchaus angängig ist; aber seltsamerweise werden zuweilen auch die drei Perfekte in V.8.9a so aufgefasst, was sich grammatikalisch schwerlich rechtfertigen lässt. Aber das Imperfekt dient nicht nur zum Ausdruck der Zukunft oder der Gegenwart, sondern bedeutet recht oft auch einfach die Vergangenheit. Die zeitliche Bedeutung des Imperfekt hängt vor allem ab vom Kontext, in unserem Fall von dem Sinn, den der Psalmist ausdrücken wollte, sei es das Gottvertrauen, sei es der Rückblick auf die Vergangenheit [16]. Nun ist aber in V.5-9 der von Psalmist beabsichtigte Sinn für den späteren Leser nicht ohne weiteres deutlich, wie es für die betenden Teilnehmer der Fall war. Die zeitliche Wiedergabe der Verben hängt hier davon ab, für welchen Sinn sich der Übersetzer entscheidet, also davon, ob er den Abschnitt als Ausdruck des Gottvertrauens verstehen will, der an ungewöhnlicher Stelle steht, oder als Rückblick auf vergangene Hilfe im Krieg, der hier ausgezeichnet passt [17].

Es ist nicht nur möglich, dass die Imperfekte in V.5-9 sich auf die Vergangenheit beziehen, sondern es ist auch zu beachten, dass dieser Gebrauch des Imperfektes neben Perfekten gerade auch in Ps 44 vorkommt. Die Klage von V.10-17 spricht deutlich von einem Unheil, das dem Volk bereits zugefügt war und unter dem die Beter immer noch leiden. Es ist darum kein Zweifel darüber, dass die fünf Imperfekte in V.10-17, die mit sechs Präterita abwechseln, mit der Vergangenheit zu übersetzen sind und m.W. auch meist so übersetzt werden. Auch in den Motiven, die Gott in V.18-23 vorgelegt werden, macht der Kontext klar, dass die Imperfekte in V.19a.22a neben neun Präterita (pf und imp inv) mit der Vergangenheit wiederzugeben sind.

Wenn man, wie es hier geschieht, die V.5-9 als Rückblick auf Vergangenes auffasst, passen sie ausgezeichnet an ihre Stellung zwischen V.2-4 und V.10-27. V.2-4 sprechen ausdrücklich von längst vergangener Zeit, als Jahwe den Vätern das gelobte Land gab. Hingegen beziehen sich

---

[16] Joüon, n. 113o schliesst seine Behandlung des Ipf. mit den Worten ab, dass sich aus ihr ergebe «que le yiqtol a une valeur temporelle moins nette que le qatal. On le trouve assez souvent là où l'on attendrait qatal. En général le contexte suffit à déterminer le temps d'un yiqtol employé d'une façon pour ainsi dire *atemporelle*. Ainsi dans une alternance de qatal et de yiqtol (fréquent en poésie), le qatal situe dans le passé l'action exprimée par le yiqtol suivant». Ähnlich wieder in n. 113h: «On trouve le yiqtol sans aucun aspect itératif ou duratif, et donc avec la valeur de qatal, qui serait la forme attendue... Presque tous les exemples sont du style élevé ou poétique».

Auch die Zeit, auf die sich das Ptz. in V.5b bezieht, ergibt sich aus dem Kontext; vgl. Joüon, n. 121f.i. Der Nominalsatz in V.5a: «Du bist mein König» dürfte nach dem Zusammenhang etwa ausdrücken wollen: «Du hast dich als meinen König erwiesen».

[17] Viele Übersetzer scheinen keine klare Meinung zu haben über den Sinn, der dem Abschnitt V.5-9 infolge seiner Stellung innerhalb des Psalmes zukommen muss, und darum keine feste Grundlage für die Übersetzung zu haben, sondern sich von Vers zu Vers vom Zufall leiten zu lassen und die Verben bald in Gegenwart, bald in Zukunft, bald in Vergangenheit wiederzugeben. Dies gilt auch von der Übersetzung des Ps 44 (43) in der sogenannten Nova Vulgata, während die des Psalterium Pianum, die von jenem ersetzt wurde, eine der wenigen Psalmenübersetzungen ist, die m.E. die Verben von 44,5-9 sinnvoll in die Vergangenheit setzen.

V.5-9 auf jüngste Vergangenheit, als Gott der jetzigen Generation Siege verlieh. Beide Abschnitte betonen nachdrücklich, dass die Siege Jahwe zu verdanken waren, und sollen Jahwe bewegen, auch jetzt wieder zu helfen [18]. Die beiden ersten Abschnitte des Psalmes gehören also eng zueinander. In V.2-4 wird von der uralten Zeit meist im Perfekt gesprochen; in V.5-9 ist die Rede von der jüngsten Vergangenheit, und vielleicht wird darum hier meist das Imperfekt verwendet. V.10-23 werden dann zeigen, warum der Beter vorher auf die schöne Vergangenheit wies: sie steht in schroffem Gegensatz zu den schrecklichen Erfahrungen, die das Volk in allerjüngster Zeit gemacht hat und unter deren Folgen es noch in der Gegenwart schwer leidet und wegen deren es in V.24-27 mit herzzerreissenden Worten zu Jahwe fleht.

Bei dem dargelegten Verständnis von V.5-9 wird auch der historische Hintergrund von Ps 44 ziemlich eindeutig. Er passt sehr gut in die gefährliche Lage, in der sich das eingeschlossene Jerusalem im Jahre 701 befand. Der Sprecher, der mehrmals von sich selber redet und als Heerführer des Volkes spricht, kann sehr wohl Hiskia gewesen sein, der in der verzweifelten Lage das Volk im Tempel zum Klagen und Flehen versammelt hat. Er nennt sich zwar nie König, aber er hatte keinen Anlass dazu. Gleicherweise nennt sich auch Josaphat in seinem Volksklagegebet 2 Chron 20,6-12 nie König.

Die Erinnerung an die ehemalige Eroberung Kanaans in V.2-4 war im Jahr 701 besonders am Platz, weil Hiskia damals ganz Juda an die Assyrer verloren hatte, die das ganze Land ausser Jerusalem besetzt hielten. Auch der Hinweis auf die jüngsten Siege in V.5-9 passt treffend auf Hiskia, denn nachdem er von Assyrien abgefallen war, ging zuerst alles gut, und Hiskia «hatte bei all seinen Unternehmungen Glück ... und schlug die Philister bis Gaza» (2 Kön 18,7-8). Dieser Kampf gegen Gaza meint wohl die Absetzung des Königs von Gaza, der sich dem Aufstand offenbar nicht anschliessen wollte [19].

IV. **Übersetzung und Erklärung von Ps 44,10-27**

Klage über das jetzige Unglück

10 Doch nun hast du uns verworfen und mit Schmach bedeckt,
und zogst (ipf) nicht mehr aus mit unseren Heeren.
11 Du liessest (ipf) uns zurückweichen vor dem Feind,
und unsere Hasser machten Beute.
12 Du gabst (ipf) uns hin wie Schafe zum Schlachten
und hast uns unter die Völker zerstreut.

---

[18] Vgl. Gunkel–Begrich, S. 130.
[19] Vgl. oben S. 8 und S. 77.

13 Du hast dein Volk verkauft (ipf) für ein Spottgeld
und hast wenig gewonnen durch seinen Erlös.
14 ⌜Wir wurden⌝[g] zum Schimpf unseren Nachbarn,
zum Hohn und Spott denen, die rings um uns wohnen.
15 Du machtest (ipf) uns zum Spottwort bei den Völkern
und bei den Nationen zum Gegenstand des Kopfschüttelns.
16 Jederzeit steht mir meine Schmach vor Augen,
und Scham hat mein Angesicht bedeckt
17 wegen der Stimme der Höhnenden und Lästernden,
wegen des Anblicks der Feinde und Rachsüchtigen.

Beweggründe für Gott zu helfen

18 Dies alles ist über uns gekommen, und doch haben wir dich nicht vergessen
und deine Satzung nicht gebrochen.
19 Unser Herz ist nicht von dir abtrünnig geworden,
und unsere Schritte sind nicht abgebogen von deinem Pfade,
20 dass du uns niederschlügest an einer Stätte von Schakalen
und uns bedecktest mit Finsternis.
21 Hätten wir den Namen unseres Gottes vergessen
und unsere Hände ausgestreckt zu einem fremden Gott,
22 hätte ⌜Jahwe⌝[h] dies nicht entdeckt?
Er kennt ja des Herzens geheimste Gedanken!
23 Nein, *deinetwegen* wurden wir allzeit hingemordet,
wie Schlachtvieh wurden wir geachtet.

Textkritische Bemerkungen:

[g] Statt *t*^{e}*śīmēnū* lies mit Duhm, Gunkel, Buhl (in BHK) wohl *hāyīnū* wie in dem parallelen Ps 79,4; das jetzige Verb ist wohl aus V.15 hier eingedrungen.

[h] Vgl. Bemerkung (a) zu V.2.

Wie die V.2-4 und die V.5-9 ausgezeichnet stimmen zur Lage, in der sich Hiskia im Jahre 701 befand, ebenso gut können auch die V.10-17 und die V.18-23 sehr wohl von derselben historischen Lage verstanden werden. Zunächst zur Klage von V.10-17. Es ist ganz wahrscheinlich, dass die Judäer, als die Assyrer in Juda einfielen, sich nicht bloss auf die Verteidigung der festen Städte beschränkten, sondern sich dem Feind auch im offenen Feld entgegengestellt haben, besonders als Sennacherib noch gegen die Philister kämpfte und noch nicht mit seiner ganzen Macht gegen Juda zog. Aber die judäischen Truppen wurden mit schweren Verlusten zurückgeschlagen (vgl. V.10.11a.12a.13). Sennacherib berichtet in den Annalen von der grossen Beute, die er gemacht hat (vgl. V.11b), von den vielen Gefangenen, die ihm in die Hände fielen und die er nach seiner

Sitte wenigstens teilweise in andere Gebiete verschleppt hat (vgl. V.12b). Die Assyrer hatten ausser Jerusalem praktisch das ganze Volk Judas unterworfen (vgl.V.13).
Die meisten der gegen Assyrien Verbündeten hatten sich gleich nach den ersten Siegen Sennacheribs in Phönizien ergeben und waren so von dessen Zorn verschont geblieben. Aber Hiskia, der König des kleinen Juda, widerstand der assyrischen Grossmacht bis zuletzt und hatte so sich selbst und Jerusalem durch eigene Schuld in äusserste Gefahr gebracht und wurde deshalb von seinen Nachbarn verspottet (vgl. V.14-17), möglicherweise auch wegen seines Eifers für Jahwe, der nicht half und den sie nun lästerten (vgl. V.17a).

Auch die in V.18-23 Jahwe vorgelegten Überlegungen lassen die Anspielungen auf die religiöse Reform Hiskias nicht übersehen. Hiskia konnte das Gebot der ausschliesslichen Jahweverehrung gerade dadurch durchsetzen, dass er von Assyrien abfiel und so die Rache Sennacheribs *um Jahwes willen* erlitt[20].

Das Flehen zu Gott um Hilfe

24 Wach auf! Warum schläfst du, ⌜Jahwe⌝?
Erwache! Verwirf uns nicht für immer!
25 Warum verhüllst du dein Angesicht,
vergissest unser Elend und unsere Not?
26 Denn in den Staub gesunken ist unsere Kehle,
am Boden klebt unser Leib.
27 Steh auf, komme uns zu Hilfe
und befreie uns um deiner Güte willen!

Das Beten zu Gott bildet den Höhepunkt des Psalmes. In der letzten Bitte beugen sich die Beter demütig vor Gott. Sie berufen sich nicht mehr auf ihre Treue gegen Jahwe, sondern nur noch auf seine Güte.

Hiskia hat dem Sennacherib, im Vertrauen auf Jahwe, mutig widerstanden, bis die Lage in Jerusalem verzweifelt war. Da hat das Volk im Tempel eine Klagefeier veranstaltet (vgl. Jes 22,12)[21]. Hiskia war der Verzweiflung nahe und hat wohl selber die Klagefeier vorgeschrieben und das Klagegebet, den Psalm 44, persönlich gesprochen. Der Schluss des Volksklagepsalmes gibt in V.24-27 ein lebendiges Bild von dem drängenden Flehen. Sie berühren nicht nur mit der Stirne den Boden, sondern werfen sich ausgestreckt in den Staub (vgl. V.26). Schon V.20 scheint von

---

[20] Ähnlich konnte der Psalmist von Ps 69, der wegen seines Eifers für das Haus Jahwes geschmäht wurde (69,10-13), zu Jahwe sprechen: «Um deinetwillen ertrug ich Schmach» (69,8).

[21] Vgl. unten S. 89ff.

dem Beten im Tempel zu sprechen: «Du hast uns niedergeworfen an einem Ort von Schakalen und uns bedeckt mit Finsternis». Diese Worte besagen wohl, dass Gott selbst sie gezwungen hat, sich auf den Boden niederzuwerfen; den Tempel scheinen sie wegen des lauten Jammerns und Heulens als Ort von Schakalen zu bezeichnen, denn menschliches Wehklagen wird in Mi 1,8 und in Job 30,29 mit dem Heulen der Schakale verglichen, die hier offenbar wie die Dunkelheit figürlich genannt werden.

Jahwe hat schliesslich das flehentliche Bitten Hiskias und des Volkes erhört, wenn auch nicht so, wie Hiskia gehofft hat; denn Hiskia musste sich der assyrischen Oberherrschaft wieder unterwerfen, aber Jahwe rettete die Stadt Jerusalem vor der Zerstörung, den König vor der Todesstrafe und der Absetzung, und die davidische Dynastie vor dem Untergang.

Kapitel 5

Jesaja und das Ende der Invasion Sennacheribs im Jahre 701

Schon mehrmals wurde darauf hingewiesen, wie tief der Prophet Jesaja Anteil nahm an der Stellungnahme und an dem tragischen Schicksal des Reiches Juda und seiner Hauptstadt Jerusalem bei deren Zusammentreffen mit dem Grossreich Assyrien. Es wurde schon der geistige Kampf des Propheten mit Achaz erwähnt, der in seiner gefährlichen Lage Zuflucht nahm zu Assyrien, dem er sich unnötigerweise unterwarf, wodurch er die entfernte Ursache einer späteren Katastrophe Judas wurde. Es wurde der Geisteskampf genannt, den Jesaja dreissig Jahre später mit Hiskia führte gegen die Versuchung, sich gegen seinen assyrischen Oberherrn aufzulehnen [1]. Es wurden auch die prophetischen Worte angeführt, mit denen Jesaja dem Achaz androhte, dass die Assyrer, die er zu Hilfe rief, unter seinen Nachfolger das Reich Juda überschwemmen werden [2]. Hier sind nun noch zwei Prophetenworte anzuführen, in denen der bejahrte Jesaja das tragische Schicksal Judas und Jerusalems, das Eintreffen der Drohung, das er miterleben musste, bitterlich beklagte.

I. **Jes 22,1-4.12-14**

Der Beginn und das Ende des Textes Jes 22,1-14 geben uns einen lebendigen Einblick in eine Stunde ausgelassenen Jubels der Jerusalemer über die unerwartete Befreiung ihrer Stadt aus einer anscheinend unvermeidlichen Katastrophe, und in den bitteren Schmerz, den Jesaja darob erlitt. Von den verschiedenen Versuchen, diese Worte zeitlich anzusetzen, sei hier nur auf die Schlussfolgerung verweisen, zu der H. Wildberger gekommen ist. Nach ihm kommt als Situation, in die dieses Wort hineingesprochen wurde, «im Ernst nur die Zeit unmittelbar nach dem Abzug Sanheribs von Jerusalem in Frage: Das Wort setzt die Abwendung einer äussersten Bedrohung der Stadt und eine so starke Einbusse ihrer Macht voraus, dass keine andere Datierung innerhalb der Wirksamkeit Jesajas denkbar ist» [3].

---

[1] Siehe oben, S. 6f.
[2] Siehe oben, S. 10f.
[3] Wildberger, S. 813; ähnlich Kaiser, S. 114f.

Hier greifen wir aus dem Abschnitt 22,1-14 nur die V.1b-4 und V.12-14 (ohne Schlusswort) heraus[4]; denn sie bilden eine anschaulich begründete Anklage (V.1b-4.12-13), die in einem hoffnungslosen Gerichtsspruch gipfelt (V.14a.bα). Der Prophet steht entsetzt allein, fern von dem Jauchzen und Schmausen des Volkes. Sein Schmerz ist nicht so sehr das grausige Unheil, von dem das Reich Juda und zum Teil auch Jerusalem betroffen wurde, als vielmehr die niederschmetternde Feststellung, dass das Volk von Jerusalem die eben erlebte Mahnung Gottes, in sich zu gehen, vollständig verkannt hat. Der Prophet redet Jerusalem und seine Bewohner an[a]:

1b Was hast du nur, dass all deine Bewohner
hinaufgestiegen sind auf die Dächer,
2a du lärmerfüllte Stadt,
du frohlockende Feste?
2b Deine Durchbohrten sind nicht durchs Schwert gefallen,
sind nicht im Kampf umgekommen!
3a Deine Führer flüchteten samt und sonders,
sind ohne Bogenschuss ⌜gewichen⌝[b].
3b Alle die Deinen, die man erwischte, wurden allesamt gefesselt,
auch wenn sie weit weg flohen.
4a Drum sag ich: Blickt weg von mir,
lasst bitter mich weinen!
4b Bemüht euch nicht, mich zu trösten
über die Verheerung der Tochter meines Volkes!

12 Jahwe der Heere ⌜⌝[c] rief euch auf an jenem Tag
zum Weinen und Klagen,
zum Kahlscheren, zum Umgürten mit Sacktuch.
13 Aber siehe da Jubel und Freude,
Schlachten von Rindern und Schlagen von Schafen,
Fleischfressen und Weinsaufen:
«Esset und trinket, denn morgen sind wir tot!»
14 Jahwe der Heere hat in die Ohren mir geoffenbart:
«Dieser Frevel wird gewiss nie euch vergeben,
bis dass ihr tot seid!» ⌜⌝[d]

[a] Die Überschrift «Ausspruch 'Schautal'» stammt vom Sammler.
[b] Lies wohl mit T *sārū*, parallel zu *nād*^{e}*dū*, anstelle von *'ussārū*, das wohl vom gleichen Verb in V.3b beeinflusst wurde.
[c] Streiche mit G *'adonai*.
[d] Die Schlussformel «spricht der Herr Jahwe der Heere» fehlt in G und ist wohl Zusatz.

---

[4] Zur Diskussion des Werdens von 22,1-14 vgl. Wildberger, S. 809-811, und Kaiser, S. 113f.

Der bejahrte Prophet sieht, dass sein jahrzehntelanges Bemühen um das Heil des Volkes ergebnislos geblieben ist. Mit bitteren Tränen muss er schauen, wie gross der Ruin seines Volkes ist und wie es trotzdem vor lauter Überraschung über die plötzliche Befreiung die Bussgesinnung der schrecklichen Belagerungszeit vergessen hat und sich nicht mehr um seinen Gott kümmert. Der Prophet erinnert in V.12 an die Zeit der Belagerung, als Gott durch die Notlage und die Todesangst den Aufruf zu einer Bussfeier veranlasst hat [5]. Man pflegt zwar den V.12 in dem Sinn zu verstehen, dass das Volk diesem Aufruf nicht Folge geleistet hat. Aber der Prophet sagt das nicht, und nichts berechtigt, den Text in diesem Sinn zu verstehen. Der Gegensatz, den Jesaja in V.12-13 in sehr knapper Form ausdrückt, liegt nicht darin, dass Gott an jenem Tag zur Busse aufgerufen, aber kein Gehör gefunden habe. Vielmehr setzt der Prophet die ungenannte damalige (*bayyōm hahū'*) Bussgesinnung und Bussfeier der zu Tod geängstigten Belagerten in Gegensatz zu dem jetzigen (*hinnē*) plötzlich ausgebrochenen Leichtsinn, dem an Gott nichts mehr liegt. Das war die tiefe Enttäuschung des Propheten, die ihm heisse Tränen auspresste.

Sie haben die Vielen vergessen, die bei der Eroberung des Reiches Juda gefangen genommen und in die Verbannung geführt worden waren. Sie denken nicht mehr an jene, die Juda verteidigen sollten, aber ohne Kampf schmählich fielen, oder an jene, die feige versuchten, ausser Landes sich zu retten, aber erwischt und gefesselt wurden. Die Erinnerung an jene war ausgelöscht, die die Stadt verliessen, sich ergaben, aber vielleicht im Angesicht der Stadt hingerichtet wurden, um ihren Widerstand zu brechen [6].

Jesaja schliesst sein Wort mit der scharfen Gerichtsandrohung, die er ausdrücklich Jahwe zuschreibt: «Dieser Frevel wird euch gewiss nie vergeben werden». Dieses Schicksal wird über euch hängen, solange ihr lebt. Wildberger bemerkt mit Recht: «Wer die "Ihr" sind, die hier plötzlich angesprochen werden, wird nicht gesagt, es müssen aber Leute sein, die leichtfertig glauben, dass mit dem Abzug Sanheribs alles wieder in Ordnung (und dass) Frieden und Heil wieder gesichert sei» [7]. Aber schwerlich annehmbar ist der Sinn, in dem H. W. Hoffmann das Wort V. 14 versteht [8]. Er meint, dass die Verurteilung dem ganzen Volk gelte. In ihr habe Jesaja dem ganzen Volk die Bekehrung als unmöglich bezeichnet; das Volk habe also danach keine Zukunft mehr gehabt. Jesaja habe im

---

[5] Vgl. oben, S. 67 und 85f.

[6] Kaiser, S. 115. Vgl. auch die Folgen der Einschliessung Jerusalems, die die Annalen Sennacheribs in Kol. III, Z. 30 mit den Worten zu beschreiben scheinen: «Das Hinausgehen aus seinem Stadttor (Borger bei Galling, S. 69) machte ich ihm zum Ekel» (von Soden, *Akkadisches Handwörterbuch,* I, S. 369, n. 5b).

[7] Wildberger, S. 829.

[8] Hoffmann, S. 49-51.

Jahr 701 eine neue prophetische Einsicht gehabt; und da 22,14 eines der letzten Worte Jesajas gewesen sei, könne man nicht damit rechnen, dass der Prophet später umgedacht habe. Doch können die Gründe Hoffmanns nicht überzeugen. Um nur einen Punkt zu nennen, er erwähnt das Prophetenwort Jes 1,4-9 mit keinem Wort; und doch ist dieses Prophetenwort bedeutungsvoll. Gerade dieses Wort muss hier noch angeführt werden, da es die schwere Lage des Reiches Hiskias besonders eindrücklich darstellt.

II. **Jes 1,4-9**

Jesaja beginnt dieses Wort mit einer scharfen Anklage. Ihr folgt eine Beschreibung der furchtbaren Lage, die über das Volk zur Strafe für seine Untreue gegen Jahwe gekommen ist. Schon lange hatte der Prophet ihm das Gottesgericht angedroht, zuletzt besonders zur Zeit, als Juda sein Heil in einem Bündnis mit Ägypten und in einem Aufstand gegen seinen assyrischen Oberherrn gesucht und das Heilswort Jahwes verschmäht hat[9]. Jetzt handelt es sich nicht mehr darum, das Gottesgericht anzukündigen; denn es ist bereits mit voller Wucht über Juda hereingebrochen. Jetzt geht es vielmehr darum, dem Volk möglichst eindringlich vor Augen zu stellen, welche Folgen seine Untreue Gott gegenüber gehabt hat. Dabei wird der Prophet selbst vom Schmerz überwältigt.

Anklage gegen das Volk

4 «Weh dem sündigen Volk, dem schuldbeladenen Geschlecht
der Brut von Bösewichtern, den missratenen Söhnen!
Sie haben Jahwe verlassen, den Heiligen Israels verschmäht⌜⌝[a].

Die vom Volk erlittene Strafe

5 Wohin soll man euch noch schlagen, die ihr im Abfall verharrt?
Das ganze Haupt ist krank, das ganze Herz ist siech!
6 Vom Fuss bis zum Kopf ist keine heile Stelle an ihm!
Nur Wunden und Striemen und frische Schlagmale,
weder ausgedrückt noch verbunden noch mit Öl gelindert.
7 Euer Land liegt wüst, eure Städte sind verbrannt,
eure Äcker, Fremde verzehren ihren Ertrag vor euren Augen⌜⌝[b].

Der elende Überrest

8 Sions Tochter ist übrig geblieben wie eine Laube im Weinberg,
wie eine Wachstätte im Gurkenfeld, wie ein Bau zur Wacht[c].

---

[9] Vgl. oben, S. 7f, sowie mehrere Stellen von Jes 29–31, z.B. Jes 30,13-14.17.

9 Hätte der Herr der Heere uns nicht Entronnene gelassen,
fast wie Sodom wäre es uns ergangen, Gomorra wären wir gleich.»

[a] Streiche mit G *nāzōrū 'āḥōr*.
[b] Streiche *uš^{e}māmā k^{e}mahpēkat zārīm* «und eine Wüste wie bei der Zerstörung von 'Sodom'».
[c] Das Wort *n^{e}ṣūrā* ist ein Nomen actionis, etwa wie *q^{e}būrā*.

Es konnte noch nicht lange her gewesen sein, seit die Assyrer das Land verwüstet und ausgeraubt, die Städte verbrannt, viele Judäer umgebracht oder in die Verbannung verschleppt hatten, und seit dem Abzug des Belagerungsheeres ist den Jerusalemern die ganze Grösse der Katastrophe immer mehr bewusst geworden. Juda war wie einer, an dem keine heile Stelle mehr war. Aber selbst jetzt denken die Entronnen nicht daran, aufrichtig zu Jahwe zurückzukehren. Welche Züchtigung wäre noch möglich, die sie zur Umkehr bewegen könnte?

Trotzdem hat Jesaja auch jetzt die Hoffnung nicht verloren. Er bezeichnet Juda zwar als schwer verwundet, aber nicht als tot. «So spricht nicht der Zorn und nicht ein Gerichtsprediger, sondern die Liebe, das Mitleid eines Mannes, der die Hoffnung für sein Volk nicht preisgeben will» [10]. Ähnlich hat er schon vor Jahrzehnten Juda als Ertrinkenden, nicht als Ertrunkenen geschildert (Jes 8,8). Für den Propheten lag deshalb eine Wendung zum Besseren, ein neuer Anfang immer noch im Bereich der Möglichkeit. Eben darum überlässt er das zerschlagene Volk nicht seinem Schicksal und zieht sich nicht ins Schweigen zurück, sondern spricht auch jetzt noch zu ihm. Es ist vielsagend, dass Jesaja sein Wort 1,4-9 abschliesst, indem er ausdrücklich betont, dass Jahwe es war, der einen kleinen Rest dem Untergang entrinnen liess. Die Hoffnung auf die Zukunft des Volkes Jahwes war im Geist des Propheten tief verwurzelt, wenn sie in seinen Worten auch einen viel engeren Raum einnahm als seine Gerichtsreden.

Diese Zuversicht Jesajas war wesentlich verbunden mit seinem Glauben an das H a u s D a v i d. Allerdings hat Hiskia versagt und war für Jesaja erledigt. «Die Tatsache der tiefen Enttäuschung Jesajas ist unbestreitbar, aber andererseits fehlt jede Spur davon, dass der Prophet an Jahwe irre geworden ist» [11]. Er ist vielmehr überzeugt: «Jahwe wird noch einmal an Israel handeln; er ist nicht willens, sich nach dem Fehlschlag aus der Geschichte zurückzuziehen; im Gegenteil, Ungeheures steht Israel bevor. Und damit stehen wir vor dem, was ohne Frage die Mitte der prophetischen Botschaft ist» [12]. Zudem hat Gott die davidische Dynastie

---

[10] Wildberger, S. 31.
[11] Von Rad, 2, S. 177.
[12] Ebenda, S. 177.

unerwartet aus der äussersten Gefahr gerettet. Gerade die furchtbare Enttäuschung, die der Prophet an Hiskia erlebt hat, muss seinen Blick auf die Zukunft gelenkt haben. Gerade zu jener Zeit hat Jesaja in 9,1-6 einen künftigen Herrscher aus dem Haus David geschildert und die Geburt eines davidischen Idealherrschers vorausgesagt. Zwar wird dieser Text allgemein in die Zeit 733/732 gesetzt, doch lassen sich Gründe anführen, die zu zeigen scheinen, dass dies tatsächlich nicht der Fall war.

Die zeitliche Ansetzung von 9,1-6 wird auf die der unmittelbar vorausgehenden Worte von 8,23 gestützt, deren Chronologie eindeutig ist:

kāʿēt hārišōn hēqal ⌜*Yahwe*⌝
'arṣā Z^{e}*būlōn w*^{e}*'arṣā Naftālī*
w^{e}*'aḥ*^{a}*rōn hikbīd derek-hayyām*
ʿēber-hayyardēn g^{e}*līl haggōyīm*

«Früher hat Jahwe Schmach gebracht
über das Land Zabulon und das Land Naftali,
aber später wird zu Ehren er bringen die Meeresstrasse,
das Land jenseits des Jordan, den Gau der Heiden.»

Bei diesem Text ist auf mehreres zu achten. Zunächst ist er nicht in Prosa abgefasst, sondern ist ein Doppelvierer. Dann ist zu sagen, dass *k*^{e} hier nicht Vergleichspartikel ist, sondern die Zeit angibt wie *b*^{e}, vielleicht auf weniger bestimmte Weise; vgl. z.B. in Nu 23,23 *kaʿēt* = «um diese Zeit, jetzt». Schliesslich muss aufmerksam gemacht werden auf ein Verfahren, das in der hebräischen Poesie nicht selten ist: um parallele Glieder zu erhalten, werden zuweilen zusammengehörige Wörter voneinander getrennt und einander gegenübergestellt. So etwa in Ps 92,3: Schön ist es, «am Morgen deine Huld zu verkünden und deine Treue in den Nächten». Der Sinn ist: «Schön ist es, deine Huld und deine Treue am Morgen und in den Nächten zu verkünden». Ähnlich scheint Jes 8,23 einfach sagen zu wollen: Früher hat Gott Zabulon und Naftali und den Heidengau im Norden des Reiches Israel, Galaad im Osten jenseits des Jordan und im Westen die Meeresebene Scharon, durch das die grosse Strasse führte, der Verachtung preisgegeben, aber später wird er einst all diese Gebiete wieder zu Ehren bringen. Das sind gerade die Gebiete, die Tiglat-Pileser auf seinen Zügen 734 dem Meer entlang, 733 zwischen dem Libanon und dem Hermon hindurch und 732 gegen Damaskus und Galaad erobert und seinem Reich angegliedert hat. Jes 8,23 ist also frühestens im Jahr 732 entstanden.

Aber nichts beweist, dass 9,1-6 ursprünglich zu 8,23 gehört hat und folglich zur selben Zeit verfasst worden ist. Zwar folgt auf 8,23 sehr passend Jes 9,1:

«Das Volk, das in Finsternis wandelt,
wird ein grosses Licht erblicken,
die im Land der Dunkelheit wohnen,
ein Licht wird über ihnen aufstrahlen.»

Beide Worte schildern einen wunderbaren Wandel. Aber gerade dies kann für den Sammler der Grund gewesen sein, sie unmittelbar nebeneinander zu stellen. Dass dies tatsächlich der Fall war, ergibt sich unzweideutig aus den beiden Texten selbst. Das Kind, das uns geboren, der Sohn, der uns geschenkt wird und dessen Geburt Jesaja in 9,6 voraussagte, kann nicht derselbe sein wie der Emmanuel (Hiskia), dessen Geburt er in 7,14 im Jahr 733 versprochen hat; denn Emmanuel wird geboren werden kurz vor dem Sieg Assyriens über Israel und Damaskus (7,16; vgl. das in 8,4 über den Sohn Jesajas Gesagte). Jedoch der Knabe von 9,6 wird dem Volk geschenkt werden zur Zeit, da die Vorherrschaft Assyriens zu einem blutigen Ende kommen wird (9,3-4).

Auch aus einem anderen Grund scheint 9,1-6 aus der Zeit um 701 stammen zu müssen. In dem sprachgewaltigen Gedicht 10,5-15 zeigt Jesaja mit grosser dichterischer Kraft[13], dass sich eine tiefgreifende Änderung seiner Stellungnahme gegenüber Assyrien vollzogen hat. Jahrelang hat er seinem Volk immer wieder mit dem siegreichen Assyrien als Jahwes Strafwerkzeug gedroht. Erst in 10,5-15 wendet er sich gegen Assyrien:

10,5: «Weh über Assur,
dem Stab meines Zornes,
der Rute[a] meines Grimmes!»

[a] Streiche wohl die Glosse *hū' b^eyādām*.

Nach dem Wehruf gibt der Prophet in V.6-7 und in V.15 den Grund seines radikalen Stellungswechsels gegenüber Assur an: Weil der assyrische König, den Jahwe als strafende Geissel seines Volkes erwählt hatte, in gotteslästerlichem Übermut glaubte, aus eigener Kraft zu handeln, und meinte, dass er Jahwe wie viele andere Götter überwinden und Jerusalem wie so zahlreiche andere Städte erobern könne, darum hat ihn Jahwe verworfen. In den V.8-14[14] lässt der Prophet den Assyrerkönig dramatisch selbst zu Worte kommen.

Die Zeit, in der Jesaja diesen Wechsel durchgemacht und dieses Gedicht gesprochen hat, kann schwerlich früher als das Jahr 701 sein[15]. Es entstand nämlich entweder zur Zeit, als Ašdod sich gegen Sargon erhob und den König von Juda in den Aufstand zu verwickeln suchte, oder zur

[13] «This prophecy is one of the most striking creations of Isaiah's genius: in power and originality of conception it stands unsurpassed» (Driver, S. 210).

[14] In der Rede des Assyrers lassen sich V.10 und V.12 als Glossen erweisen. Dagegen ist V.11 mit manchen neueren Exegeten festzuhalten gegen Wildberger, 1, S. 392; seine Behauptung, V.11 zerreisse den Zusammenhang, ist sehr schwach begründet. Auch stimmt nicht, dass der V.11 Prosa sei; vielmehr hat er das Metrum 3+3 und 3+2, denn die beiden Schlussworte sind doppelbetont: *w^elè'^elīlèhā* und *w^elà'^aṣabbèhā*. Dadurch scheint die Verachtung Jahwes durch Sennacherib sogar einen gewissen Nachdruck zu erhalten.

[15] Eissfeldt, S. 420, sagt von Jes 10,5-15: «Das Gedicht rührt sicher aus der Spätzeit Jesajas her».

Zeit, als Sennacherib gegen den aufständischen Westen und gegen das Reich Juda zog. Über die Beteiligung Hiskias am Aufstand Aŝdods und über eine Bestrafung Judas durch ein Heer Sargons haben wir nur ganz unbestimmte Angaben[16]. Jedenfalls lässt sich der kühne Aufstand Hiskias gegen Assyrien und die verheerende Eroberung Judas im Jahre 701 als Ursache des Bruches Jesajas mit Assur nicht vergleichen, zumal wenn man den scharfen Charakterunterschied bedenkt, der zwischen Sargon, der am Feldzug gegen Aŝdod nicht einmal persönlich teilnahm, und dem grausamen und von religiösem Fanatismus getriebenen Sennacherib[17] besteht. Spätestens während der Assyrerkönig die widerstehenden Palästiner unterwarf, musste es Jesaja klar geworden sein, dass Sennacherib, wie er mit den aufständischen Königen von Aŝqalon und von Eqron verfahren war, ebenso auch den Führer der Abtrünnigen und den unnachgiebigen König des kleinen Reiches nach der Eroberung von Jerusalem jedenfalls vom Throne stossen und verbannen, ja wohl sogar hinrichten lassen und so der davidischen Dynastie eine Ende bereiten werde.

In den Jahren, da Hiskia den Abfall vorbereitete, hatte Jesaja vergeblich gegen sein Unternehmen gekämpft, es war ihm schliesslich nichts übrig geblieben, als sich ins Schweigen zurückzuziehen[18]. Aber jetzt, da Sennacherib in trotzigem Stolz Jerusalem und damit Jahwe selber niederzwingen zu können glaubte, war für Gott die Stunde gekommen, dem Propheten einen neuen Verkündigungsauftrag zu geben. Jetzt war ganz einsichtig geworden, warum Jesaja Assyrien nicht mehr als Jahwes Strafwerkzeug betrachten konnte und warum er der Hybris und dem Weltreich Sennacheribs den Untergang anzukünden begann. Darum schreiben nicht wenige Autoren das Gedicht 10,5-15 mit Recht dieser Zeit zu[19].

---

[16] Vgl. oben, S. 30f.

[17] Über den im Gegensatz zu Sargon unmässigen Charakter Sennacheribs vgl. Tiele, 2, S. 319, dessen Worte Eichrodt, 1, *ad locum* anführt. Vgl. auch von Soden, *Herrscher*, S. 107-111.

[18] Siehe oben, S. 7.

[19] Bei Wildberger, S. 394.

Sigla

AfO	*Archiv für Orientforschung*. Graz et alibi.
AfO.B	Archiv für Orientforschung. Beihefte. Graz et alibi.
ANET	*Ancient Near Eastern Texts*. Hg. von J. Pritchard. Princeton, New Jersey ^{3}1969.
AnOr	Analecta Orientalia. Rom.
AOT	*Altorientalische Texte zum Alten Testament* (ATBAT). Hg. von H. Gressmann. Berlin–Leipzig ^{2}1926.
ArOr	*Archiv orientální*. Prag.
ATBAT	Altorientalische Texte und Bilder zum Alten Testament. Berlin–Leipzig.
ATD	Das Alte Testament Deutsch. Göttingen.
BA	*Biblical Archaeologist*. New Haven et alibi.
BASOR	*Bulletin of the American Schools of Oriental Research*. Jerusalem et alibi.
BAT	Botschaft des Alten Testaments. Stuttgart.
Bib	*Biblica*. Rom.
BK.AT	Biblischer Kommentar. Altes Testament. Neukirchen.
BWANT	Beiträge zur Wissenschaft vom Alten und Neuen Testament. Stuttgart.
BWAT	Beiträge zur Wissenschaft vom Alten Testament. Stuttgart.
BZAW	Beihefte zur Zeitschrift für die alttestamentliche Wissenschaft. Berlin et alibi.
CAD	*The Assyrian Dictionary of the Oriental Institute of the University of Chicago*. Chicago 1956- .
CAH	*Cambridge Ancient History*. Cambridge. ^{1}1927-1939. ^{2}1961- .
COHP	Contributions to Oriental History and Philology of Columbia University. New York.
CSS	*Cursus scripturae sacrae*. Paris.
DBS	*Dictionnaire de la Bible. Supplément*. Paris 1928- .
DOT	*Documents from Old Testament Times*. Hg. von D. W. Thomas. Edinburgh 1959.
EB	Die Heilige Schrift in deutscher Übersetzung. Echter-Bibel. Würzburg.
EETh	Einführung in die evangelische Theologie. München.
FC	Fontes et Commentationes. Münster.
FRLANT	Forschungen zur Religion und Literatur des Alten und Neuen Testaments. Göttingen.
G	Septuaginta.
GeB	Geschichte der Belagerungstechnik. Bottrop.
HAG	Handbücher der Alten Geschichte. Gotha.
HAT	Handbuch zum Alten Testament. Tübingen.

HK	Göttinger Handkommentar zum Alten Testament. Göttingen.
HO	Handbuch der Orientalistik. Leiden et alibi.
HSAT	Heilige Schrift des Alten Testaments. Bonn.
IB	*Introduction à la bible*. Hg. von A. Robert und A. Feuillet. Paris. I: 1957. II: 1959.
ICC	International Critical Commentary of the Holy Scriptures of the Old and New Testaments. Edinburgh.
ITL	International Theological Library. Edinburgh..
IEJ	*Israel Exploration Journal*. Jerusalem.
Iraq	*Iraq*. London.
JCS	*Journal of Cuneiform Studies*. New Haven.
JQR	*Jewish Quarterly Review*. London.
JSOT.SS	Journal for the Study of the Old Testament. Supplement Series. Sheffield.
KAI	*Kanaanäische und aramäische Inschriften*, I-III. Hg. von H. Donner und W. Röllig. Wiesbaden [3]1971-1976.
KAT	Kommentar zum Alten Testament. Leipzig et alibi.
KB	*Keilinschriftliche Bibliothek*. Sammlung von assyrischen und babylonischen Texten in Umschrift und Übersetzung, I-VI. Hg. von E. Schrader. Berlin 1889-1915.
KHC	Kurzer Hand-Commentar zum Alten Testament. Tübingen et alibi.
KP	*Der kleine Pauly*. Stuttgart et alibi.
Loeb	Loeb Classical Library. London et alibi.
NTG	Neue theologische Grundrisse. Tübingen.
OTS	Oudtestamentische studien. Leiden.
PA	*Palästinajahrbuch des deutschen evangelischen Instituts für Altertumswissenschaft des heiligen Landes zu Jerusalem*. Berlin.
PEQ	*Palestine Exploration Quarterly*. London.
RB	*Revue biblique*. Paris.
RLA	*Reallexikon der Assyriologie*. 1928- .
SAT	Die Schriften des Alten Testaments in Auswahl. Göttingen.
SB[J]	Sainte bible. Traduite en français sous la direction de l'École biblique de Jérusalem. [Bible de Jérusalem]. Paris.
SBT	Studies in Biblical Theology. London.
SHAW-PH	Sitzungsberichte der Heidelberger Akademie der Wissenschaften. Heidelberg. Philosophisch-historische Klasse.
SPIB	Scripta Pontificii Instituti Biblici. Rom.
SSN	Studia Semitica Neerlandica. Assen et alibi.
StP.SM	Studia Pohl: Series Maior. Rom.
TCS	Texts from Cuneiform Sources. Locust Valley, New York.
TGI	*Textbuch zur Geschichte Israels*. Hg. von E. Galling. Tübingen [3]1979.
UCOIP	University of Chicago Oriental Institute Publications. Chicago.
Vg	Vulgata.
VT	*Vetus Testamentum*. Leiden.
VW	Verständliche Wissenschaft. Berlin et alibi.
WE	Weltgeschichte in Einzeldarstellungen. München.
ZAW	*Zeitschrift für die alttestamentliche Wissenschaft*. Berlin et alibi.
ZBK	Zürcher Bibelkommentare. Zürich et alibi.
ZDMG	*Zeitschrift der deutschen morgenländischen Gesellschaft*. Wiesbaden et alibi.

Bibliographie

Aharoni, Y., *The Land of the Bible. A Historical Geography*. Philadelphia ²1979.

———, «The Northern Boundary of Judah», *PEQ* 90 (1958) 27-31.

Albright, W. F., «Further Light on Synchronisms between Egypt and Asia in the Period 935-685 B.C.», *BASOR* 141 (1956) 23-27.

———, «The History of Palestine and Syria», *JQR* 24 (1933-1934) 363-76.

———, «New Light from Egypt on the Chronology and History of Israel and Judah», *BASOR* 130 (1953) 4-11.

Alt, A., «Die Heimat des Deuteronomiums», idem, *Kleine Schriften zur Geschichte des Volkes Israel*. II. München ³1964. S. 250-75.

———, *Israel und Aegypten. Die politischen Beziehungen der Könige von Israel und Juda zu den Pharaonen* (BWAT 6). Leipzig 1909.

Baumgartner, W., «Herodots babylonische und assyrische Nachrichten», idem, *Zum Alten Testament und seiner Umwelt. Ausgewählte Aufsätze*. Leiden 1959. S. 282-331 [= *ArOr* 18 (1950) 69-106].

Boccaccio, P., «I termini contrari come espressioni della totalità in ebraico», *Bib* 33 (1952) 173-90.

Borger, R., *Babylonisch-assyrische Lesestücke*, I-II (AnOr 54). Rom ²1979.

———, *Die Inschriften Asarhaddons, Königs von Assyrien* (AfO.B 9). Graz 1956.

Bright, J., *A History of Israel*. London ²1972.

———, «Le problème des campagnes de Sennachérib en Palestine. Un nouvel examen», in *Maqqél sbâqédh. La branche d'amandier. Hommage à Wilhelm Vischer*. Montpellier 1960. S. 20-31.

Brockelmann, C., «Das Aramäische, einschliesslich des Syrischen», in *Semitistik*, II-III (HO III,2-3). Leiden 1954. S. 135-62.

Caplice, R., *Introduction to Akkadian* (StP.SM 9). Rom 1980.

Childs, B. S., *Isaiah and the Assyrian Crisis* (SBT Second Series 3). London 1967.

Clements, R. E., *Isaiah and the Deliverance of Jerusalem. A Study of the Interpretation of Prophecy in the Old Testament* (JSOT.SS 13). Sheffield 1980.

Cornely, R., *Synopses omnium librorum sacrorum utriusque testamenti*. Paris 1899.

Delorme, J. – Briend, J., «Les premiers livres prophétiques», H. Cazelles (Hg.), *Introduction critique à l'Ancien Testament* (IB. Édition nouvelle). Paris ²1973. Vol. II, S. 245-327.

Dibelius, M., *Die Reden der Apostelgeschichte und die antike Geschichtsschreibung* (SHAW.PH 35). Heidelberg 1949.

Driver, S.R., *An Introduction to the Literature of the Old Testament* (ITL). Edinburgh ⁹1913.

Duhm, B., *Das Buch Jesaia* (HK III/1). Göttingen ²1902.

———, *Die Psalmen* (KHC XIV). Freiburg-im-Breisgau 1899.

Eichrodt, W., *Der Heilige in Israel. Jesaja 1-12* (BAT 17,I) Stuttgart 1960.

———, *Der Herr der Geschichte. Jesaja 13-23 und 28-39* (BAT 17,II). Stuttgart 1967.

Eissfeldt, O., *Einleitung in das Alte Testament unter Einschluss der Apokryphen und Pseudepigraphen sowie der apokryphen- und pseudepigraphenartigen Qumrān-Schriften. Entstehungsgeschichte des Alten Testaments* (NTG). Tübingen ³1964.

Fischer, J., *Das Buch Isaias* (HSAT VII,1/12). Bonn 1937-1939.

Fohrer, G., *Das Buch Jesaja,* I-III (ZBK). Zürich–Stuttgart 1960-1964.

Gadd, C.J., «Inscribed Prisms of Sargon II from Nimrud», *Iraq* 16 (1954) 173-201.

Galling, E. (Hg.), *Textbuch zur Geschichte Israels.* Tübingen [3]1979.

Gesenius, W. – Buhl, F., *Handwörterbuch über das Alte Testament.* Leipzig [17]1921.

Grayson, A.K., *Assyrian and Babylonian Chronicles* (TCS V). Locust Valley, New York 1975.

Gressmann, H., *Altorientalische Bilder zum Alten Testament* (ATBAT). Berlin–Leipzig [2]1927.

Gunkel, H., *Die Psalmen* (HK II,2). Göttingen [4]1926.

Gunkel, H. – Begrich, J., *Einleitung in die Psalmen. Die Gattungen der religiösen Lyrik Israels* (HK II/Ergänzungsband). Göttingen 1933.

Haag, H., «La campagne de Sennachérib contre Jérusalem en 701», *RB* 58 (1951) 348-59.

Hallo, W.W., «From Qarqar to Carchemish. Assyria and Israel in the Light of New Discoveries», *BA* 23 (1960) 34-61.

Herkenne, H., *Das Buch der Psalmen* (HSAT V,2). Bonn 1936.

Herrmann, S., *Geschichte Israels in alttestamentlicher Zeit.* München 1973.

Hoffmann, H.W., *Die Intention der Verkündigung Jesajas* (BZAW 136). Berlin–New York 1974.

Honor, L.L., *Sennacherib's Invasion of Palestine. A Critical Source Study* (COHP 12). New York 1966.

Janssen, E., *Juda in der Exilszeit. Ein Beitrag zur Frage der Entstehung des Judentums* (FRLANT 69 [N.F. 51]). Göttingen 1956.

Janssen, J.M.A., «Que sait-on actuellement du Pharaon Taharqa?», *Bib* 34 (1953) 23-43.

[Josephus] *Josephus with an English Translation* (Loeb). London–New York–Cambridge, Massachusetts 1926-1965.

Joüon, P., *Grammaire de l'hébreu biblique.* Rome 1923.

Kaiser, O., *Der Prophet Jesaja. Kapitel 1-12* (ATD 17). Göttingen [2]1963.

———, *Der Prophet Jesaja. Kapitel 13-39* (ATD 18). Göttingen 1973.

Kittel, R., *Geschichte des Volkes Israel,* I-II (HAG I,3/1-2). Gotha [4]1921-1922.

Knabenbauer, I., *Commentarius in Psalmos* (CSS II,15). Paris [2]1930.

Koehler, L. – Baumgartner, W., *Hebräisches und aramäisches Lexikon zum Alten Testament,* I, II, III-. Leiden [3]1967- .

Kraus, H.-J., *Psalmen,* I-II (BK.AT XV,1-2). Neukirchen [2]1961.

van Leeuwen, C., *Le développement du sens social en Israël avant l'ère chrétienne* (SSN). Assen 1955.

———, «Sanhérib devant Jérusalem», *OTS* 14 (1965) 245-72.

Lie, A.G., *The Inscriptions of Sargon II King of Assyria,* Part I: *The Annals Transliterated and Translated with Notes.* Paris 1929.

Luckenbill, D.D., *Ancient Records of Assyria and Babylonia,* I-II. Chicago 1926-1927.

———, *The Annals of Sennacherib* (UCOIP II). Chicago 1924.

Macadem, M.F. Laming, *The Temples of Kawa,* I: *The Inscriptions. Text* (Oxford University Excavations in Nubia). London 1949.

Mazar, B., «The Cities of the Territory of Dan», *IEJ* 10 (1960) 65-77.
Menge, H., *Die Heilige Schrift des Alten und Neuen Testaments übersetzt*. Stuttgart 1933.
Montgomery, J. A., *A Critical and Exegetical Commentary on the Books of Kings*. Edited by H. S. Gehman (ICC). Edinburgh 1955.
Moortgat, A., «Geschichte Vorderasiens bis zum Hellenismus», A. Scharff - A. Moortgat (Hgg.), *Ägypten und Vorderasien im Altertum* (WE). München 1950. S. 193-505.
Na'aman, N., «Sennacherib's 'Letter to God' on His Campaign to Judah», *BASOR* 214 (1974) 25-39.
Naveh, J., «Khirbat al-Muqanna'-Ekron. An Archaeological Survey», *IEJ* 8 (1958) 87-100, 165-170.
Nötscher, F., *Die Psalmen* (EB). Würzburg 1947.
Noth, M., *Könige,* I (BK.AT IX,1). Neukirchen-Vluyn 1968.
Oppenheim, A. L., «Babylonian and Assyrian Historical Texts», *ANET,* S. 265-317.
Pavlovský, V. - Vogt, E., «Die Jahre der Könige von Juda und Israel», *Bib* 45 (1964) 321-47.
Peiser, F. E., «Inschriften Sargon's», *KB* II, S. 34-81.
Procksch, O., *Jesaia,* I (KAT IX). Leipzig 1930.
von Rad, G., *Theologie des Alten Testaments,* I-II (EETH 1). München [4]1962-1965.
Rawlinson, H. C. - Smith, G. (Hgg.), *The Cuneiform Inscriptions of Western Asia,* III: *A Selection from the Miscellaneous Inscriptions of Assyria*. London 1870.
Rehm, M., *Das zweite Buch der Könige. Ein Kommentar* (EB). Würzburg 1982.
Röllig, W., «Sanherib», *KP,* IV, Kol. 1543.
Rost, P., *Die Keilschrifttexte Tiglat-Pilesers III. nach den Papierabklatschen und Originalen des Britischen Museums,* I-II. Leipzig 1893.
Rudolph, W., «Sanherib in Palästina», *PJ* 25 (1929, ersch. 1930) 59-80.
Saggs, H. W. F., «The Nimrud Letters, 1952 — Part I», *Iraq* 17 (1955) 21-56. Part II: 126-160. Part III: 18 (1956) 40-56.
Scharbert, J., *Die Propheten Israels bis 700 vor Christus*. Köln 1965.
Schedl, C., *Geschichte des Alten Testaments,* IV: *Das Zeitalter der Propheten*. Innsbruck–Wien–München 1962.
———, «Textkritische Bemerkungen zu den Synchronismen der Könige von Israel und Juda», *VT* 12 (1962) 88-119.
Schmidt, H., *Die grossen Propheten: übersetzt und erklärt* (SAT). Göttingen [2]1923.
———, *Die Psalmen* (HAT 15). Tübingen 1934.
Schmökel, H., *Geschichte des alten Vorderasien* (HO II,3). Leiden 1957.
Smith, S., «Sennacherib and Esarhaddon», *CAH* III: *The Assyrian Empire*. Cambridge 1925. S. 61-87.
von Soden, W., *Akkadisches Handwörterbuch,* I-III. Wiesbaden 1965-1981.
———, *Grundriss der akkadischen Grammatik* (AnOr 33). Rom [2]1969.
———, *Herrscher im Alten Orient* (VW 54). Berlin–Göttingen–Heidelberg 1954.
———, «Sanherib vor Jerusalem 701 v. Chr.», in *Antike und Universalgeschichte. Festschrift Hans Erich Stier* (FC Supplementband 1). Münster 1972. S. 43-51.

Stade, B., «Anmerkungen zu 2 Kö. 15-21», *ZAW* 6 (1886) 156-89.

Tadmor, H., «The Campaigns of Sargon II of Assur: A Chronological-Historical Study», *JCS* 12 (1958) 22-40, 77-100.

———, «Philistia under Assyrian Rule», *BA* 29 (1966) 86-102.

Tiele, C.P., *Babylonisch-assyrische Geschichte,* I-II (HAG, I,4/1-2). Gotha 1886-1888.

Ungnad, A., «Eponymen», in *RLA* II, S. 412-57.

Ungnad, A. – Matouš, L., *Grammatik des Akkadischen.* München [5]1969.

Vaccari, A., *I libri poetici della Bibbia tradotti dai testi originali e annotati.* Rom 1925.

Vannutelli, P., *Libri Synoptici Veteris Testamenti seu Librorum Regum et Chronicorum loci paralleli,* I-II (SPIB). Rom 1931-1934.

de Vaux, R., *Les Institutions de l'Ancien Testament,* II. Paris 1960.

———, «Israel (Histoire d')», *DBS,* IV, col. 729-77. Paris 1949.

———, *Les Livres des Rois* (SB[J]). Paris [2]1958.

Vogt, E., *Lexicon linguae aramaicae Veteris Testamenti documentis antiquis illustratum.* Romae 1971.

———, Rezension von H. Wildberger, *Jesaja,* I., *Bib* 54 (1973) 291-94.

Waschow, H., *Viertausend Jahre Kampf um die Mauer. Der Festungskrieg der Pioniere* (GeB 1). Bottrop W. 1938.

Weiser, A., *Die Psalmen,* I-II (ATD 14-15). Göttingen [3]1950.

Weissbach, F.H., «Zu den Inschriften der Säle im Palaste Sargon's II. von Assyrien», *ZDMG* 72 (1918) 161-85.

Wildberger, H., *Jesaja,* I-III (BK.AT X,1-3). Neukirchen–Vluyn 1972-1982.

Winckler, H., *Altorientalische Forschungen,* I, II, III. Leipzig 1897-1905.

———, *Die Keilschrifttexte Sargons nach den Papierabklatschen und Originalen,* I-II. Leipzig 1889.

Wolff, H.W., «Das Ende des Heiligtums in Bethel», *Archäologie und Altes Testament. Festschrift für Kurt Galling.* Tübingen 1970. S. 287-98.

———, «Das Kerygma des deuteronomistischen Geschichtswerkes», *ZAW* 73 (1961) 171-86.

Wright, G.E., «Fresh Evidence for the Philistine Story», *BA* 29 (1966) 70-86.

Yadin, Y., *The Art of Warfare in Biblical Lands in the Light of Archaeological Study,* I-II. New York–Toronto–London 1963.

Ziegler, J., *Isaias* (EB). Würzburg 1948.

Zorell, F., *Psalterium ex hebreo latinum.* Rom [2]1939.

[Zürcher Bibel] *Die Heilige Schrift des Alten und des Neuen Testaments.* Zürich 1954.

Autorenregister

Stellenregister

TIPOGRAFIA POLIGLOTTA DELLA PONTIFICIA UNIVERSITÀ GREGORIANA
PIAZZA DELLA PILOTTA, 4 - ROMA